door Jan Paul Schutten

met tekeningen van
Sieger Zuidersma

Kluitman

NEDERLANDSE
KINDERJURY
2007

Nur 210/GGP090601
© Uitgeverij Kluitman Alkmaar B.V.
© MMVI Jan Paul Schutten (tekst)
Omslagontwerp: Design Team Kluitman

www.kluitman.nl

INHOUD

WAAR ZITTEN ZE...?

Kijk eens uit het raam. Zie je iets verdachts? Nee? Kijk nog maar eens goed, want het zou kunnen dat er ergens een geheime spionage-actie aan de gang is. Zonder dat gewone mensen het doorhebben, zijn er elk moment tientallen geheim agenten bezig met hun dagelijkse werk: spioneren.
Maar wie zijn die agenten? Hoe herken je ze? Wat doen ze precies? En hoe word je eigenlijk spion? Dat lees je allemaal in dit boek. Je komt dingen te weten die bijna niemand weet over spionage. Bijvoorbeeld hoe je iemands geheimen ontfutselt of hoe je voorkomt dat mensen jóuw geheimen ontdekken. Of hoe je ervoor zorgt dat je haar goed blijft zitten als je op 't dak van een vooruitrazende sneltrein een vijand probeert uit te schakelen.

Bovendien leer je van alles over bekende spionnen. Wat deden ze? Welke trucs gebruikten ze? Veel verhalen in dit boek gaan over spionnen van de afgelopen jaren of zelfs nog verder terug. De geheimen van de spionnen van nu moeten geheim blijven. De vijand leest namelijk ook…

HOE WORD JE SPION?

Wil je graag spion worden? En wil je weten wat je daarvoor moet doen? Dan is er goed nieuws en heel veel slecht nieuws. Het slechte nieuws is dat je eerst gewoon naar school moet. Nog meer slecht nieuws is dat je ook nog eens goede cijfers moet halen. Het laatste slechte bericht is dat je dan nog niet eens zeker weet of je wordt toegelaten bij een geheime dienst. En het goede nieuws? Dat is dat het niet helemáál onmogelijk is om spion te worden…

Toelating

Je wordt niet zomaar toegelaten op een spionnenschool. Voordat de school je toelaat, wil de geheime dienst eerst alles over je weten. Of je wel slim genoeg bent, bijvoorbeeld. Want aan een agent die door zijn domheid allerlei geheimen verklapt, heb je niet veel. Maar een spion moet ook te vertrouwen zijn. Er mag geen enkel risico zijn dat je eerst een uitgebreide opleiding krijgt en vervolgens naar de vijand loopt. Daarom:

…onderzoeken ze zorgvuldig uit wat voor familie je komt. Als een van je ouders misdaden heeft begaan of bij een gevaarlijke actiegroep heeft gezeten, word je niet toegelaten.

...**onderzoeken ze alles uit je verleden.** Oude schoolvrienden worden ondervraagd, je leraren, buren, kennissen, familie. Kortom iedereen die maar iets met je te maken heeft gehad. Voordat je aangenomen wordt, weten sommige geheime diensten meer van je dan je eigen ouders ooit van je geweten hebben!

...**onderzoeken ze of je wel geschikt bent als spion.** Heb je stalen zenuwen? Kun je tegen uitputting? Kun je goed met mensen omgaan? Vooral dat laatste is belangrijk, want als spion moet je heel snel en makkelijk contact kunnen leggen.

...en stellen ze je honderden vragen. Maak je altijd de juiste keuzes? Kun je gemakkelijk en snel oplossingen bedenken als je onverwacht in een moeilijke situatie terechtkomt? Wat voor persoon ben je? Deze vragen testen niet alleen of je geschikt bent als spion, maar ook voor welke dienst je het best inzetbaar bent.

Heel veel kandidaten vallen af. Alleen de meest geschikte kandidaten blijven over. Niet per se de intelligentste, vindingrijkste of dapperste. Want hoe goed je ook bent als spion, als je te veel een eigen mening hebt, mag je niet door. Je moet altijd gehoorzamen aan je meerderen. Als je dat in het begin al niet doet, zul je het later als spion ook niet doen.

Ben jij geschikt als spion?
Voordat je al die moeite gaat doen om aangenomen te worden bij de geheime dienst, kun je beter eerst kijken of je wel geschikt bent als spion.

– Test: Ben jij geschikt als spion –

1) Maak je makkelijk vrienden?
a. Ja, als ik het zou willen zou ik een heel voetbalstadion uit kunnen nodigen op mijn verjaardag.
b. Met leuke mensen raak ik snel bevriend, met vervelende mensen niet.
c. Ik haat vrienden.

2) Zou je een onschuldig iemand kunnen doden als het moest?
a. Ja hoor. Wat krijg ik ervoor?
b. Misschien wel, misschien niet.
c. Ben jij gek? Dat is moord!

3) Kun je goed een geheim bewaren?
a. Dat vertel ik niet. Dat is geheim.
b. Belangrijke geheimen wel, andere geheimen niet.
c. Ach joh, als ik het niet vertel, vertelt iemand anders het wel.

4) Ben je snel bang?
a. Natuurlijk ben ik wel eens bang. Maar daar kan ik goed mee omgaan.
b. Ik ben nooit bang. Waar zou ik bang voor moeten zijn?
c. Ik ben bang voor muizen, spinnen, monsters, tijgers, haaien en andere menseneters, spoken, vampiers, inbrekers, konijnen en bejaarden. Verder ben ik niet bang.

5) Kun je goed liegen?
a. Ja.

b. Nee (maar het antwoord is 'ja').

c. Er gaat niets boven eerlijkheid.

6) Heb je een goed geheugen?

a. Ja. Ik onthoud heel veel.

b. Interessante weetjes onthoud ik wel, andere dingen niet.

c. Wat was de vraag ook alweer?

7) Hoe los jij problemen op?

a. Ik vind vaak de gekste oplossingen voor problemen.

b. Ik doe alles precies zoals het moet.

c. Ik laat anderen mijn problemen oplossen.

8) Ben je slimmer dan anderen?

a. Ik denk van wel.

b. Ja, ik weet alles altijd beter dan de rest.

c. Ja. Alleen snap ik dingen minder snel en goed dan anderen.

9) Wil je graag een beroemde spion worden?

a. Nee, dat vind ik totaal niet belangrijk.

b. Ja, ik wil een hele goede beroemde spion worden.

c. Ik zorg binnen een jaar dat de hele wereld mij kent.

10) Volg je het nieuws graag?

a. Ja, ik wil weten wat er in de wereld gebeurt.

b. Ik ben alleen in sportnieuws, shownieuws en het weer geïnteresseerd.

c. Nieuws is saai.

De score:

Voor elke **a** krijg je één punt. Voor elke **b** krijg je 0 punten en voor elke **c** krijg je een strafpunt. Alleen bij vraag **2** is antwoord **b** ook een punt waard.

1) Het gaat erom dat je snel met iedereen bevriend kunt worden. In je leven als spion is dat van levensbelang.

2) Het enige goede antwoord is **c**, maar... dat mag je niet zeggen. Een slimme spion zegt **b**. Bij sommige geheime diensten is **a** ook goed. De verdediging van het land is be-langrijker dan een onschuldige burger. Wie **a** zegt, wordt bij sommige geheime diensten ingezet bij de gevaarlijkste op-drachten.

3) Natuurlijk moet je als spion goed geheimen kunnen be-waren. Alle geheimen.

4) Als je nooit bang bent, ben je een slechte spion. Je neemt dan te veel risico's. Je moet dus wel bang zijn, maar het is belangrijk dat je daar goed mee omgaat.

5) Je moet héél goed kunnen liegen...

6) Als spion moet je een uitstekend geheugen hebben. In dit hoofdstuk lees je waarom dat zo belangrijk is.

7) Je moet heel vindingrijk zijn. In je loopbaan als spion kom je in de raarste situaties terecht en moet je een oplos-sing bedenken voor de vreemdste problemen.

8) Als je nu al denkt dat je alles beter weet dan anderen, moet je nog een boel leren. Antwoord **a** is dus beter dan **b.** En hopelijk heb je geen **c** ingevuld...

9) De beste spionnen zijn totaal onbekende spionnen, weet je nog?

10) Als spion moet je in heel veel dingen geïnteresseerd zijn. En vooral in het nieuws.

Wat is je score?

Meer dan tien punten – Je bent een uiterst belabberde spion. Je kunt niet eens tellen. Bij deze test kun je maar tien punten behalen, sukkel!

Acht tot tien punten – Jij wordt vast een hele goede...

Zes tot zeven punten – Hm. Nou ja. Vooruit dan maar.

Nul tot vijf punten – Helaas. Of je wordt een slechte spion (en daar hebben we niets aan) of je kiest een ander beroep (dat raden we je aan).

Minder dan nul punten – Word nooit spion! En als je het toch wordt, spioneer dan voor de vijand. Je richt namelijk meer schade aan dan je goed kunt doen. Gelukkig kun je met deze score nog altijd leraar worden. Of schrijver van boeken over spionage...

DE SPIONNENSCHOOL

Als je toegelaten wordt bij een geheime dienst, moet je eerst een opleiding volgen. Die varieert van een scholing van enkele maanden, zoals in Nederland en België, tot een studie van enkele jaren, zoals in Amerika.

Je hoeft als spion niet alles perfect te kunnen. Elke geheime dienst heeft specialisten in huis die getraind zijn voor één speciaal doel. Maar je moet wel van alles een beetje kunnen. Blijven zitten is er niet bij. Als tijdens je opleiding blijkt dat je niet goed genoeg bent, word je meteen van de spionnenschool gestuurd.

Belangrijke spionagelessen
1) Achtervolgen

De belangrijkste lessen op de spionnenschool gaan over het achtervolgen. Als spion moet je je doelwit als een schaduw kunnen volgen, zonder dat hij weet dat je er bent. Aan de andere kant moet je ook precies weten of je door iemand 'geschaduwd' wordt en hoe je iemand van je afschudt. Bij een belangrijke geheime afspraak moet je soms uren rondrijden om zeker te zijn dat je niet meer achtervolgd wordt.

Hieronder lees je adviezen voor als je niet achtervolgd wilt worden. Je kunt ze natuurlijk oefenen met je vrienden. Een van jullie is de spion, de rest probeert hem te volgen. Best leuk!

Te voet:
• Zorg dat je het terrein beter kent dan wie dan ook. Neem

niet alleen de bekende wegen, maar ga door smalle steegjes of door tuinen en struiken waar niemand je kan zien.

- Hou de mensen achter je in de gaten. Je herkent een achtervolger aan zijn aandachtige en ingespannen blik. Achtervolgen is zwaar werk en dat kun je moeilijk verbergen. De spionnenregel is: één keer een verdachte persoon ontmoeten kan nog. Twee keer betekent extra goed opletten. Drie keer is een vijandige achtervolging.
- Kleed je zo normaal mogelijk. Gebruik een pet en zet die regelmatig op en af op plekken met veel mensen. Zo maak je het je achtervolgers iets lastiger. Een tas met andere kleren die je snel aan kunt trekken, komt ook goed van pas.
- Veel spionnen zeggen dat ze geen gebruik maken van vermommingen, maar dat is niet waar. In werkelijkheid gebruiken ze verschillende vermommingen. Die zijn zo goed dat ze volkomen natuurlijk lijken. Dat moet ook, want niets is zo opvallend als een slecht masker en een verkeerd zittende pruik!

- Als je je snel verkleedt, doe dat dan in een 'dode zone'. Dat is een plek waar je voor niemand zichtbaar bent.

- Ben je vermomd als oude man of vrouw? Zwachtel je benen dan in zodat je altijd moeilijk loopt. Als je er oud uitziet en je bent even vergeten dat je je zo moet gedragen, val je meteen door de mand.

- De spiegelende werking van ramen van etalages en auto's kan je helpen om je achtervolger te ontdekken. Maar besteed hier niet te veel tijd en moeite aan. Een goede achtervolger zorgt ervoor dat hij niet zichtbaar is in deze spiegels.

- Sommige spionnen gebruiken deze truc. Ze gaan een trein of metro in. Vlak voordat de deuren dichtgaan en het rijtuig vertrekt, springen ze er weer uit (of soms snel nog weer even in). Springt er iemand mee? Dan is dat je achtervolger. Andere spionnen moeten daar erg om lachen. Zij gebruiken altijd meerdere 'schaduwen'. De een blijft achter op het perron, de ander blijft in de trein. Ze houden elkaar natuurlijk op de hoogte en sluiten later weer bij elkaar aan. Bovendien hebben ze geheime camera's waarmee ze alle stations in de gaten houden.

- Als je te voet bent, kun je lopend en met een auto worden gevolgd. Stap daarom een bus in en kijk door de achterruit. Zie je dat iemand snel een auto instapt? Dat is je achtervolger. Hou hem in de gaten.

- Een taxi nemen kan ook. Ga alleen nooit in de eerste taxi zitten die zich aanbiedt. Die is vast van de vijandige geheime dienst.

- Ben je in de natuur of de bossen? Hou er rekening mee dat de tegenpartij speurhonden gebruikt om je op te sporen. Er zijn chemische middelen waarmee je hun neus kunt uitschakelen, maar als je die niet bij je hebt, kun je in 4-en lopen. Je loopt dan een route die lijkt op het getal vier: eerst rechtdoor, vervolgens links naar achter en als laatste naar rechts. Zo maak je kruispunten met je eigen spoor. De hond en zijn begeleiders moeten kiezen uit vier richtingen. Je schudt ze zo niet af, maar je wint wel tijd.

- 's Avonds kun je gebruik maken van het donker. Zorg eerst dat je met je achtervolger in een lichte ruimte bent. Doe je ogen – zonder dat iemand het ziet – zo lang mogelijk dicht. Zo wennen ze alvast aan het donker. Ogen die uit het licht komen, hebben veertig minuten nodig om helemaal aan het donker te wennen. Jij bent dan alvast een beetje ge- wend, je achtervolger is in het begin stekeblind in het don- ker.
- LAAT JE ACHTERVOLGERS NOOIT WETEN DAT JE ZE HEBT

HERKEND! Niet je tong uitsteken en 'lekker puh' zeggen dus. Alleen een echte spion herkent zijn achtervolgers. Zodra je laat merken dat je weet dat ze je achtervolgen, verraad je dat je een spion bent! Doe je geen verdachte of geheime dingen? Maak het je achtervolgers dan zo makkelijk mogelijk om je te volgen. Weet je meteen wie je voortaan in de gaten moet houden.

In de auto (oefen dat maar niet met je vrienden!):

- Zorg dat je de stad beter kent dan mensen die er hun hele leven gewoond hebben. Je moet de plattegrond beter uit je hoofd kennen dan een taxichauffeur en elke straat en steeg weten te vinden. Zo weet je hoe je een stuk moet afsnijden en hoe je eventuele achtervolgers kunt afschudden.
- Neem nooit je eigen auto. De kans is groot dat de vijand er een zendertje in heeft geplaatst, zodat ze voortdurend weten waar je naartoe gaat. De geheime dienst heeft altijd 'speciale operatiewagens' in huis. Die worden 24 uur per dag bewaakt en ook nog eens regelmatig gecontroleerd op zendertjes.
- Gebruik een aangepaste auto: zorg dat je je remlichten kunt uitschakelen. Remlichten verraden dat je afremt. Goede achtervolgers zitten nooit direct achter je, maar een paar auto's verder. Als je iemand in het geheim in het donker moet afzetten of oppikken, kun je dus afremmen zonder dat ze het zien. Rijd je op een donkere weg met veel afslagen, dan helpt het als je je lichten helemaal uitschakelt.
- Zorg ook dat je een extra grote benzinetank hebt. Daarmee kun je honderden kilometers rijden zonder te tanken. Als je achtervolgers een kleinere tank hebben, moeten ze eerder

tanken en kun je ze makkelijk afschudden.

- Rij een rondje (sla vier keer achter elkaar linksaf). Zit er toch nog een bekend nummerbord achter je? Dan is dit je achtervolger.
- Loop tussendoor een gebouw in met een goed uitzicht en één in- en uitgang. Dat kan een warenhuis zijn, maar ook een bibliotheek of gemeentehuis. Omdat er maar één uitgang is, zullen je achtervolgers in de auto blijven. Ze willen namelijk niet dat je hun gezicht herkent. En ze zien vanuit de auto ook wel wanneer je weer naar buiten gaat. Ben je eenmaal binnen, kijk dan of je een auto ziet met wachtende mensen erin. Die is verdacht.
- Hou meerdere auto's achter je in de gaten. Goede achtervolgers zitten nooit direct achter je. De eerste twee of drie auto's die achter je rijden, mag je daarom vergeten. Onthoud de nummerborden van de rest.
- Hou er rekening mee dat ze je met meerdere auto's volgen. Zo kan een van je 'achtervolgers' voor je rijden. Sla je af, dan vertelt de auto achter je aan de auto voor je welke kant je op gaat. Die voorste auto sluit later weer achter je aan. De auto die eerst achter je zat, kan nu voor je gaan rijden.

- Je kunt ook twee auto's achter je hebben. De voorste achtervolger kun je wel zien, de achterste niet. Die rijdt zover achter je, dat hij wel je eerste achtervolger kan zien, maar jou niet. Zo volgt hij je toch en blijft hij voor jou onzichtbaar.
- Kom je een verdachte auto tegen? Pas de spionnenregel toe. Eén keer een verdachte auto ontmoeten kan nog. Twee keer betekent extra goed opletten. Drie keer is een vijandige achtervolging.

Weet je WEETJE

Spionnenstof

De Amerikanen begrepen er niets van. Elke keer als ze zeker wisten dat ze hun Russische achtervolgers hadden afgeschud, stonden die een paar minuten later weer met een vrolijke grijns op hun gezicht voor hun neus. Tientallen operaties gingen zo de mist in.

Er konden twee dingen aan de hand zijn. Of de Russen hadden naast de zichtbare achtervolgers ook nog eens extra achtervolgers die de Amerikanen niet konden zien. Of ze hadden een geheime manier om ze te achtervolgen. Daarom voerden de Amerikanen een aantal achtervolgingsoperaties uit om te ontdekken hoe de Russen te werk gingen. En jawel: er waren inderdaad onzichtbare achtervolgers aan het werk. Dus zo wisten de Amerikanen dat zij ook die moesten afschudden. Maar zelfs dat hielp niet. Ook als de Amerikaanse spionnen hen kwijt waren, werden ze snel weer teruggevonden door de Russen.

Wat bleek? De Russen zorgden ervoor dat Amerikaanse agenten een speciaal poeder aan hun handen, kleren of schoenen kregen: spionnenstof. Die stof was met het blote oog niet te zien, maar met speciale brillen wel. Overal waar de Amerikanen naartoe gingen, lieten zij een beetje van dat stof achter. Zo waren ze als een Klein Duimpje die kruimels achterliet, eenvoudig te achterhalen.

2) Schuilnamen bedenken

Als spion moet je vaak valse namen en beroepen gebruiken. Je kunt dan bijvoorbeeld zeggen dat je Jack de Wit heet en tandarts bent. Maar daarmee kun je behoorlijk in de problemen komen. Stel dat iemand ineens vraagt: 'O, mooi. Kun je even naar mijn gebit kijken? Ik heb zo'n kiespijn…' Dan ben je mooi in de aap gelogeerd. Of iemand roept 'Hé Jack!' en je reageert niet omdat je niet aan die naam gewend bent. Dat mag nooit gebeuren.

Daarom leer je op de spionnenschool verschillende schuilnamen te bedenken die je altijd kunt gebruiken. Zo'n naam moet iets met jou te maken hebben. Bijvoorbeeld de voornaam van je broer (of zus) en de achternaam van een goede vriend. Die combinatie zorgt ervoor dat je automatisch op de naam reageert als die geroepen wordt. Dat gaat vanzelf. Enkele seconden later besef je dat het je schuilnaam is.

Het beroep dat je zogenaamd uitoefent, moet ook goed gekozen zijn. Het moet een beroep zijn waar je veel vanaf weet, zodat je er altijd iets over kunt vertellen. Het beroep van je vader bijvoorbeeld (tenzij die ook spion was). Maar het kan ook een beroep zijn waar niemand anders iets van weet of wil weten. Je zegt bijvoorbeeld dat je ambtenaar bent bij de gemeente, of leraar. Dat klinkt zo saai dat niemand er verder over doorvraagt.

Verder moet je over elke schuilnaam een heel verhaal klaar hebben. Als je alles ter plekke moet verzinnen, is de kans groot dat je allerlei dingen meteen weer vergeet. Daarom heb je van tevoren bedacht waar je vandaan komt, wie je vrienden waren en wat voor dingen je deed.

Ga je onder één vaste schuilnaam in het buitenland werken, dan moet je nog veel serieuzer te werk gaan. Dan moet álles kloppen. Mocht je een keer ondervraagd worden door de vijand en er zitten fouten in je verhaal, dan ben je de klos. Want reken maar dat ze alles controleren wat je zegt. Je hebt dan ook een echt beroep, dat je overdag gewoon uitvoert. Spioneren doe je in je vrije tijd.

3) Speciale operaties
Het kan voorkomen dat je moet inbreken. Het kan voorkomen dat iemand een bom naar je stuurt. Het kan voorkomen dat je uit een rijdende auto moet springen. En zo zijn er nog honderden situaties waarin je verzeild kunt raken. Daarom krijg je les in al de volgende dingen.

Sloten openmaken. Spionnen hebben speciale sleutelsets, waarmee je elk slot open kunt maken. Maar er zijn natuurlijk heel veel verschillende soorten sloten. Daarom krijgen ze les hoe ze elk slot kunnen openen. De vraag is nooit óf een slot te kraken is. De vraag is altijd binnen hoeveel minuten of seconden een slot te kraken is.
Als het om echt belangrijke inbraken gaat, gaan de beste slotenkrakers mee met een operatie. Zij krijgen elke deur razend-

snel open. Deze specialisten gaan door gesloten deuren als een mes door de boter. Maar dan een stuk sneller... Wie deze specialisten zijn? Vroeger waren het inbrekers die opgepakt waren voor heel knappe inbraken. Ze werden vrijgelaten als ze voor de geheime dienst wilden werken. Het zou best kunnen dat ze tegenwoordig nog steeds inbrekers gebruiken.

Bommen herkennen. Het komt regelmatig voor dat er bij de geheime dienst brieven worden bezorgd met een bom erin. Maar hoe herken je zo'n brief? Allereerst is elk zwaar pakket verdacht. Staat er een onbekende afzender op? Niet openen! Zitten er veel te veel postzegels op? Ook verdacht. Want de afzender durfde niet met het pakketje naar het postkantoor om het te laten wegen. Kan dus een bom zijn. Is het pakketje heel stevig ingepakt? Dicht laten en eerst controleren. Voor de meeste pakketjes is een gewone verpakking namelijk goed genoeg.

Uit een rijdende auto springen. Voor een geheime dienst komt het soms goed uit als een moord op een ongeluk lijkt. Daarom kan het voorkomen dat de auto van een agent wordt gesaboteerd door de tegenpartij. De remmen worden bijvoorbeeld kapotgemaakt, of het stuur werkt niet meer zoals het moet. In zo'n geval moet de spion uit de rijdende auto springen. Levensgevaarlijk natuurlijk, maar in een paar lessen leren ze hoe ze dat moeten doen.

Eerst zetten ze de auto op de handrem. De auto stopt dan niet, maar remt wel af. Dan openen ze de deur. Vervolgens kijken ze goed waar de beste plek is om neer te komen. Gras, struiken of een zachte berm zijn ideaal. Bomen en vangrails zijn dodelijk. Zijn ze op de juiste plek, dan springen ze zo ver mogelijk uit de auto. Tijdens de sprong maken ze zich klein. Benen, hoofd en armen moeten helemaal ingetrokken zijn. Bij het landen rollen ze zo ver mogelijk door, totdat ze tot stilstand komen. De kans op botbreuken is dan minimaal en zelfs bij hoge snelheid overleven ze de sprong.

4) Contraspionage

Voordat je zelf kunt spioneren, moet je eerst weten of je niet zelf bespioneerd wordt. Dat heet contraspionage. Er zijn tientallen trucs om te controleren of iemand in jouw spullen heeft zitten snuffelen. Wil je bijvoorbeeld weten of iemand in je bureaula is geweest? En wil je weten wíé er in jouw bureaula heeft gesnuffeld? Zo krijg je hem of haar te pakken:

- Zorg dat je bureaula een rommeltje is. Pennen, paperclips en briefjes liggen dwars door elkaar. Maak er een foto van. Controleer een paar dagen later of je bureaula er nog exact zo uitziet als op de foto.

- Verpulver een stukje houtskool tot fijn poeder. Bewaar een zwart doosje in je la waar je 'GEHEIM' op hebt gezet. In dat doosje zit een envelop. Daarin doe je een briefje met een vals bericht. Maar nu komt het: strooi een klein beetje (het moet onzichtbaar blijven) van het houtskoolpoeder op het doosje. Wie het doosje opent, krijgt automatisch houtskool

aan zijn handen en maakt zwarte vingerafdrukken op de
envelop en het papiertje. Nu heb je de vingerafdruk van de
spion.

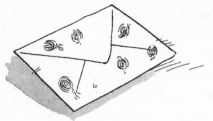

- Heb je een mogelijke spion op het oog? Pak dan een thee-
of koffiekopje dat hij of zij heeft vastgepakt. Pak het met
handschoenen beet, zodat je er geen vingerafdrukken op
achterlaat. Blaas er heel voorzichtig wat houtskoolpoeder
overheen. Nu worden de vingerafdrukken zichtbaar. Verge-
lijk ze met de vingerafdruk op je envelop. Komen ze over-
een?

Echte geheime diensten werken natuurlijk niet met houtskool,
maar met onzichtbare materialen. Toch werkt houtskool ook
prima. Nog een tip: wil je weten of iemand in je dagboek of in

een ander geheim boek heeft gebladerd? Leg een haartje op een speciale plek op een bepaalde bladzijde. Zodra iemand erin bladert, zal het haartje verschuiven. Je moet het boek natuurlijk wel voorzichtig openslaan als je het controleert. Anders verschuif je de haar zelf.

5) Een bewegingsanalyse maken

Een bewegingswatte? Een bewegingsanalyse. Dat is een manier om te ontdekken of iemand een spion is of niet. Het werkt zo: je volgt iemand overal naartoe. Je noteert het tijdstip en de plaats waar hij naartoe gaat. Dat doe jij (of een andere spion) ook met alle andere mogelijke spionnen. Je krijgt zo een gigantisch bestand met namen en tijdstippen. Vervolgens combineer je die gegevens met die van de mensen van wie je zeker weet dat ze agenten zijn (die worden natuurlijk ook gevolgd). Zijn ze vaak op dezelfde plek? Hebben ze mensen ontmoet die later een spion bleken te zijn? Als iemand net zo vaak op dezelfde plek komt als een spion, dan weet je zeker dat hij ook een agent is. Ook hier geldt de spionnenregel: één keer kan nog. Twee keer betekent extra goed opletten. Drie keer is een vijandige operatie.

Afstuderen

Met de spionnenschool ben je natuurlijk een keer klaar. Maar lang niet alle studenten hebben het einde gehaald: veel van hen zijn tussentijds afgevallen. Maar voordat de agenten die het wel hebben volgehouden de school verlaten en de spionnenwereld binnengaan, moeten ze nog 'eindexamen' doen. Dat bestaat uit verschillende opdrachten. Natuurlijk krijgt niet elke spion bij elke geheime dienst dezelfde opdracht, maar de onderstaande opdrachten zitten er vast tussen. Bij elke opdracht zorgen de leraren ervoor dat er iets misgaat, zodat ze ook kunnen zien hoe de studenten daarop reageren.

Examenopdracht 1: een geheime ontmoeting regelen

Elke student krijgt meerdere 'agenten'. Soms zijn dat de leraren aan de spionnenschool, soms zijn het gewone mensen die toegang tot belangrijke informatie hebben. Met hen moeten zij een afspraak regelen die helemaal volgens het boekje gaat. Ze moeten afspreken via geheime codes die niemand kan kraken. Ook moet de ontmoeting met een geheim wachtwoord plaatsvinden. En natuurlijk mag een spion zijn agenten alleen maar spreken als hij zeker weet dat hij op weg naar de ontmoeting niet gevolgd is. Deze opdracht wordt uitgevoerd op een drukke plek in de stad, zodat de student nooit weet wie hem controleren.

Examenopdracht 2. Dode brievenbusoperaties

Als spion moet je regelmatig geheime pakketjes afleveren. Daarin kan geld zitten om een informant* te betalen, maar ook documenten, foto's of geheime instructies. Die pakketjes moeten op een verborgen plek worden gelegd, waar niemand ze kan vinden of herkennen. Zo'n plek heet een 'dode brievenbus'.

Weet je WEETJE

Dode brievenbussen

Voor de mensen van de geheime dienst is het altijd een feest om te bedenken wat ze nu weer als dode brievenbus kunnen gebruiken. Je kunt het zo gek niet bedenken of het is wel een keer gebruikt:

- Een grote kei die van binnen helemaal was uitgehold.
- Een nagemaakte boomstam die niet van echt te onderscheiden was.
- Een grafsteen met een uitgeholde ruimte.
- Een grote pin die je makkelijk in de grond kon steken, zodat je hem niet meer kon zien.
- Een gat in een boom (wel uitkijken voor spionerende spechten!).
- Een losse holle baksteen in een oud gebouw.
- Een uitgehold boek in de bibliotheek.

OEHOE?

Zie het hoofdstuk: Spionnen in soorten en maten, pag. 137-143.

- Een gewoon boek kan ook. Daarin
  zat dan een microfiche; een document dat zo vaak was verkleind dat
  het niet groter was dan een punt
  aan het eind van een zin. Door het
  weer net zo vaak te vergroten kun je
  het eenvoudig weer lezen.

Nou kan die dode brievenbus nog zo mooi verborgen en onherkenbaar zijn, maar als jij er opvallend aan zit te peuteren,
heeft de vijand je snel genoeg door. Daarom mag niemand
zien dat je wat in de dode brievenbus stopt of er wat uit haalt.
Het lijkt wel een beetje op goochelen. Sterker nog, voor dit
soort operaties hebben verschillende geheime diensten goo-
chelaars om advies gevraagd!

Soms kan een agent een pakket niet afleveren, omdat het te
gevaarlijk is of omdat hij gevolgd wordt. Daarom spreken
agenten van tevoren allerlei tekens af. Een stukje plakband op
een lantaarnpaal betekent bijvoorbeeld: 'Gevaar. Ga direct
naar huis!' Een krijtstreep op een huis betekent: 'Pakket afge-
leverd, kust veilig, ga naar dode brievenbus.'

Tegenwoordig gaan de dode-brievenbus-operaties helemaal elektronisch. Je loopt langs een onopvallende steen met een computer erin en stuurt er met een zendertje geheime gegevens naartoe. Een tijdje later komt een andere agent langs om de informatie op te halen. Hij hoeft, net als jij, de steen niet aan te raken. De computer stuurt de gegevens direct naar zijn speciale ontvanger.

De leraren zorgen dat er tijdens de examenopdracht veel misgaat. Zo kunnen ze testen of de toekomstige spion wel vindingrijk genoeg is, kalm blijft en zich niet verraadt.

Examenopdracht 3: een gesprek voeren met een mogelijke informant

Dit is misschien een van de minst spannende opdrachten, maar wel een heel belangrijke. De interessantste informatie krijgt een spion van informanten en agenten. Daarom mag je bij het werven van deze bronnen geen fouten maken. Je mag niet verraden wie je bent en voor wie je werkt. Je mag je informanten niet afschrikken zodat ze misschien wel de politie bellen. En je mag vooral niet duidelijk maken waar je je informanten voor nodig hebt. Maar intussen moet je ze wel zover krijgen dat ze hun geheimen aan jou vertellen. Je moet dus al je trucs uit de kast halen om informatie te krijgen van belangrijke personen.

Examenopdracht 4: omgaan met apparatuur

Als agent maak je gebruik van technische snufjes die bij elkaar misschien wel miljoenen waard zijn. Al die apparatuur is met-een waardeloos als je niet goed weet hoe je ermee om moet gaan. Daarom word je getest op je kennis van afluisterappara-tuur, geheime zenders en ontvangers, veilig computer- en e-mailgebruik en nog veel meer.

Examenopdracht 5: een vijandige ondervraging

Niet elke geheime dienst gebruikt deze opdracht in het exa-men. Maar soms worden studenten midden in de nacht uit hun bed gesleurd door gemaskerde mannen en urenlang over allerlei dingen ondervraagd. De studenten houden er na-tuurlijk rekening mee dat dit bij het examen hoort. Toch is de test zo serieus en echt, dat sommige studenten er uiteindelijk toch in trappen. Ze vertellen alle geheimen die ze maar ken-nen. Zo verspelen ze met het diploma in zicht alsnog de kans om ooit spion te worden. Wie rustig blijft en geen geheimen vertelt, is geslaagd en klaar voor het echte werk.

SPIONAGESPEELGOED

Je kunt een spion zijn leven laten wagen om geheime informatie te achterhalen. Maar je kunt het ook slimmer doen. Door je vijand af te luisteren. Of hem met geheime camera's te bespioneren. Zo loopt er niemand gevaar en je kunt een heleboel meer te weten komen. Maar afluisterapparatuur is natuurlijk niet het enige speelgoed van een spion!

Tien belangrijke spionnenspeeltjes

1) Een slotenkrakerset. Vroeger werkte elk slot met sleutels. Met speciale sleutelsets krijgt iedere handige spion zo'n slot open. Er zijn zelfs automatische openers. Die hoef je alleen maar in een slot te steken en het apparaatje doet de rest. Daarom zijn steeds meer gebouwen beveiligd met elektronische sloten. Maar voor een beetje geheime dienst is ook dit geen probleem. Voor elk type slot hebben ze wel een manier om het open te krijgen. Als de eigenaar de deur open kan krijgen, kan de geheime dienst het ook. En soms nog sneller ook…

2) Een foto- of filmcameraatje. In oude boeken over spionage lees je wel over fotocamera's ter grootte van een vinger. Dat was vroeger heel spectaculair. Camera's waren toen nog gigantische bakbeesten en zo'n 'kleine' camera was het toppunt van moderne techniek. Nu hebben we fotocamera's die nog een stuk kleiner zijn in onze mobieltjes. Spionnen van tegenwoordig hebben filmcamera's die niet groter zijn dan een schroefje. Je neemt zo'n cameraatje mee naar de plek die je in de gaten wilt houden en je schroeft hem ergens in (op een logische plek voor een schroef). De camera stuurt de beelden rechtstreeks door naar de geheime dienst.

3) Afluisterapparatuur. Ook afluisterapparatuur is tegenwoordig superklein. De apparaatjes passen overal in. Ze zijn zo plat als een bankpasje, of ze zijn kleiner dan een kraal. Je kunt ze dus overal verstoppen. In een pen, in een wegwerpaansteker, in de muis van een computer, in een (mobiele) telefoon, in een stukje kauwgom dat je onder een stoel plakt: alles kan! De apparaatjes nemen alleen op als er geluid is, dus je hoeft niet naar bandjes met lange stiltes te luisteren. Spionnen weten overigens wel raad met afluisterapparatuur: als ze iets belangrijks moeten zeggen, draaien ze harde muziek en fluisteren ze in elkaars oor.

De geactiveerde telefoon

Zorg dat je telefoon nooit in handen komt van een vijandige geheime dienst. Want die zal je telefoon proberen te 'activeren'. Dat houdt in dat al jouw telefoongesprekken kunnen worden afgeluisterd door de geheime dienst. Maar er is meer. Als jij een gesprek hebt beëindigd, denk je dat je telefoon uit staat... Maar je hebt stiekem nog verbinding. Met de vijandige geheime dienst. Die horen via de speaker van je telefoon alles wat je zegt. Ook al staat hij 'uit'.

4) Richtmicrofoons. Deze horen eigenlijk ook bij afluister-apparatuur. Met een richtmicrofoon kun je gesprekken op een grote afstand volgen. Handig als je buiten op straat of in het park spionnen wilt afluisteren. Het werkt alleen als je heel precies richt. Alle geluiden eromheen neemt de microfoon niet op. De apparatuur is zo gevoelig dat je gefluister nog op honderden meters afstand kunt verstaan.

5) Achtervolgsystemen. Je kunt met heel veel moeite een auto proberen te achtervolgen en hopen dat je al die tijd niet wordt opgemerkt. Je kunt ook een onvindbaar klein zendertje onder de auto stoppen en op een beeldschermpje met een routekaart (op je mobieltje of organizer) bekijken waar de auto naartoe gaat.

6) Nachtkijkers. Spionnen willen niet gezien worden en werken daarom liefst in het donker. Maar met speciale brillen, verrekijkers en cameraatjes zie je 's nachts alles net zo duidelijk als overdag. Vooral voor spionerende legeronderdelen komen deze nachtkijkers goed van pas.

7) Onzichtbare inkt. Onzichtbare inkt is natuurlijk onmisbaar voor een spion. Er is niet één soort onzichtbare inkt, maar er bestaan tientallen soorten. En er komen nog steeds nieuwe bij. Ze zijn gemaakt van heel bijzondere chemische stoffen, die maar op één manier zichtbaar gemaakt kunnen worden.

Bijvoorbeeld door er een andere stof aan toe te voegen. Doe je de verkeerde stof erbij, dan wordt de tekst meteen onleesbaar. Dat is met opzet gedaan. Als de tegenpartij de brief onderschept, blijft hij onleesbaar als ze niet weten met welke inkt hij geschreven is.

Weet je WEETJE

Doe het zelf

Je kunt zelf ook een brief met onzichtbare inkt schrijven. Schrijf eerst de geheime tekst met melk of citroensap. Schrijf daaroverheen een gewone onschuldige brief, zodat hij zo min mogelijk opvalt. Als de ontvanger de brief met een strijkijzer verhit, worden de onzichtbare letters donker en dus leesbaar.

8) Stemvervormer. Op televisie zie je het wel eens: iemand wil niet herkend worden. Zijn gezicht is daarom onherkenbaar gemaakt en zijn stem klinkt heel raar. Zo'n stem is vervormd door een stemvervormer. Vaak klinkt de stem heel laag of ingeblikt. Stemvervormers van echte spionnen laten hun stem juist heel normaal klinken. Je kunt kiezen uit verschillende stemmen. Wil je klinken als een verleidelijke vrouw? Een stoere man met lage stem? Of als een oud vrouwtje? Het kan allemaal.

9) Pistool. Vergis je niet. Er zijn maar heel weinig spionnen die meer dan één keer in hun leven een pistool gebruikt hebben. Toch kan een pistool nodig zijn. Het spreekt voor zich dat een spion niet zomaar met een pistool kan rondlopen. Daarom

moet het perfect verborgen zijn. Zo waren er vijftig jaar geleden al pistolen ter grootte van een ring. Je kon er zelfs vijf kogels mee afvuren. Nu pakken ze het iets anders aan. Spionnen
stellen een pistool samen uit 'onschuldige' voorwerpen. Een
pen, aansteker, sleutelhanger, ring en kralenketting zijn vol-
doende. De pen is de loop van je pistool. De loop schroef je
aan de sleutelhanger, die in werkelijkheid een kogelhouder is.
Daarna klik je de aansteker eraan vast, zodat je een handvat
hebt. De ring is de trekker en de kralen uit de ketting zijn je
kogels.

10) Dubbel contactpapier. Dubbel contactpapier ziet eruit
als een onschuldig kladblok. Maar het is eigenlijk 'zelfkopië-
rend' papier. Je legt een vel op het document dat je wilt kopi-
ëren, wrijft erover en… er is niets te zien. Het vel contactpapier blijft helemaal wit. Dat moet ook, want zo denkt iedereen
dat je een leeg kladblok bij je hebt. Je kunt er zelfs aanteke-
ningen op maken om het nog echter te laten lijken. Maar als
je het vel weer op een ander vel wrijft, zie je dat de hele bladzijde perfect is gekopieerd! Zo kun je snel, veilig en makkelijk
foto's en teksten overnemen.

Een stelletje junks bij de geheime dienst

Het zal een grappig gezicht zijn geweest bij de Engelse gehei-me dienst MI-5: een aantal serieuze wetenschappers die hele-maal van de wereld waren. Ze hadden zojuist drugs gebruikt en moesten rapporteren wat ze allemaal zagen en voelden. Dat deden ze omdat ze op zoek waren naar een waarheids-serum. Dat is een goedje waardoor je de waarheid gaat vertel-len. De wetenschappers wisten al dat je van alcohol en be-paalde soorten drugs heel loslippig kon worden. Maar het supersterke, altijd werkende wondermiddel hadden ze nog niet gevonden. Daarom probeerden ze allerlei soorten drugs uit in de hoop dat ze het alsnog zouden vinden. En of ze het uiteindelijk vonden? Nou, laten we zeggen dat ze een heel eind kwamen...

De Russen gebruikten in die tijd een heel ander middeltje als waarheidsserum: pure alcohol. In bier zit maar vijf procent al-cohol en zelfs in whisky zit nog maar 40 procent alcohol. Je kunt dus nagaan hoe sterk pure alcohol moet werken. Maar gek genoeg smaakt pure alcohol helemaal niet zo sterk. Zeker niet als je het met bier of wodka mixt. Pure alcohol heeft, behalve dat je er loslippig van wordt, nog twee voordelen. Ten eerste herinner je achteraf niets meer van wat er gebeurd is of wat je gezegd hebt. Ten tweede is er een heel goed middel om je in één klap weer nuchter te krijgen: sterke koffie...

Hoe werkt een leugendetector?

Hoe weet je als geheime dienst of jouw spionnen geen geheime informatie doorspelen naar de vijand? Hoe weet je of de gegevens van een informant wel kloppen? Het antwoord is: dat weet je niet. Nooit. Je kunt alleen je best doen om alles zo zeker mogelijk te weten. En daarom gebruiken veel geheime diensten leugendetectors. Er zijn twee soorten.

WILT U DE WAARHEID? DAN WILT U DE LD X-6!

Iedereen weet het. Als je liegt, gaat je hart iets sneller kloppen, krijg je het warm en zweet je een beetje. Daar kun je als mens niets aan doen. Het gaat vanzelf.

De LeugenDetector X-6 meet deze hartkloppingen en zweettoename direct. Bij de eerste de beste leugen van uw verdachte heeft u al direct zekerheid.

Al is de leugen nog zo snel, de LD X-6 achterhaalt hem wel.

DE SVK 2000

Mensen liegen, maar hun stemmen niet.

Wat gebeurt er als iemand zenuwachtig is? Zijn handen gaan trillen en zijn hart gaat sneller kloppen. En dat is dan ook precies wat er gebeurt als iemand liegt. Maar wat bijna niemand weet, is dat niet alleen de handen gaan trillen. De stem trilt mee... Voor een mens is dat niet te horen, maar voor de StemVerKlikker 2000 is dat een koud kunstje.

De SVK speurt alle geluidstrillingen in een stem na en ontdekt razendsnel of iemand de waarheid spreekt of niet. Ideaal voor telefonische, afgeluisterde en opgenomen gesprekken.

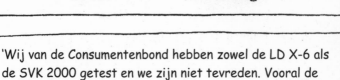

Ga voor zekerheid. Ga voor de SVK 2000.

'Wij van de Consumentenbond hebben zowel de LD X-6 als de SVK 2000 getest en we zijn niet tevreden. Vooral de SVK 2000 is erg onbetrouwbaar. Wanneer mensen nerveus zijn, trilt hun stem automatisch wat meer. Of ze nu de waarheid spreken of niet. Dit apparaat gaf daarom veel te vaak aan dat iemand loog. Maar de LD X-6 deed het ook niet goed. We hebben hem getest op iemand die dagelijks liegt, de politicus Jan Wouter Balkenbos. En ook deze machine stelde ons teleur.'

Hoe ben je de leugendetector te slim af?

Tja, leugendetectors zijn onbetrouwbaar. Als ze dat niet zouden zijn, zou elke rechter of politieman er wel een op zijn bureau hebben staan.

Maar waarom werken ze dan niet? Omdat slimme mensen –
en dat zijn spionnen en misdadigers soms – de leugendetector
te slim af kunnen zijn. Dat doe je zo:

Eerst moet een leugendetector weten hoe snel je hart normaal gesproken klopt, en hoeveel je zweet. Daarom krijg je
een heleboel controlevragen. Dat zijn onschuldige vragen als:
'Wanneer ben je geboren?', 'Hoe heet je?' of 'Wat is je lieve-
lingseten?'. Een slimme spion bijt bij deze vragen op zijn tong
of doet zichzelf op een andere (onzichtbare) manier pijn. Pijn
geeft namelijk dezelfde verhoogde hartslag als liegen! En je
gaat er zelfs ook een beetje van zweten. De leugendetector
meet dit en gaat ervan uit dat dit normaal voor je is. Als je
liegt, heb je dezelfde hartslag en zweet je net zoveel, dus de
machine meet geen verschil met de controlevragen.

AFLUISTEREN VOOR GE-VORDERDEN: TIEN BIJZONDERE AFLUISTERWEETJES

De interessantste informatie krijgt een geheime dienst door mensen af te luisteren. Stel je voor dat je alle geheime gesprekken van vijandige spionnen kunt horen. Dat moet een schat aan informatie opleveren! Maar hoe kom je zover dat je alles wat ze zeggen kunt opvangen? Dat is een heel karwei. Maar het is niet onmogelijk.

Enkele belangrijke afluisterweetjes
1) De favoriete afluisterplek van de geheime dienst is een ambassade.
In elke regeringsstad zitten in één soort gebouw honderd procent zeker spionnen: de ambassade. Want hier werken de legalen*, de spionnen die zich voordoen als een diplomaat. Er zijn in het verleden honderden plannen geweest om ambassades af te luisteren. Veel ervan mislukten, maar sommige afluisteroperaties zijn geslaagd.

Daarom komen voordat een land een nieuw ambassadegebouw betrekt de vegers in actie. Vegers zijn mensen met speciale apparatuur die elke hoek controleren op zendertjes en microfoons. Dat is een gigantisch karwei. Ze vinden namelijk niet alleen elk afluisterapparaatje, maar ook elke spijker, elke schroef, elk elektriciteitsdraadje en elke leiding. En alles moet gecheckt worden, want is die spijker wel een spijker...?

* Zie het hoofdstuk: Spionnen in soorten en maten, pag. 137-143.

2) Pas op voor cadeautjes

Een legaal op een ambassade moet alle cadeaus die hij krijgt, goed onderzoeken. Die 'cadeaus' zitten namelijk vaak vol afluisterapparatuur. Want reken maar dat de vijand wil weten wat hij aan het uitspoken is.

Het Ding

In 1952 kreeg de Amerikaanse ambassadeur een geschenk van een Russische schoolklas: een schitterend houtsnijwerk met daarop de Amerikaanse adelaar. Een prachtig cadeau, en dat nog wel van de aartsvijand: de Russen. Natuurlijk werd gecontroleerd of er geen afluisterapparatuur in het kunstwerk zat. Maar de Amerikanen vonden niets. Toch ontdekten de Amerikanen dat de ambassadeur wel afgeluisterd móést worden, omdat de Russen steeds meer geheimen kenden. Ze gingen op zoek naar het geheime apparaat dat ze 'Het Ding' noemden. Ze maakten het kunstwerk open en jawel: er bleek

een voor die tijd hypermodern mi-
crofoontje en zendertje in te zitten
dat met geen enkel apparaat te
ontdekken was. Sindsdien heeft
elke ambassadeur een flinke portie
wantrouwen tegen de cadeautjes
die hij krijgt.

3) Desinformatie

Als je wordt afgeluisterd, kun je daar ook je voordeel mee
doen. Je kunt bijvoorbeeld net doen alsof je niet weet dat ze je
horen en de afluisteraars valse informatie geven. In de spionagewereld heet dat 'desinformatie'. Door desinformatie te
geven kun je bijvoorbeeld doen alsof een vriend van je vijand
jou van geheime informatie voorziet. Zo zorg je dat die twee
bevriende landen ruzie met elkaar krijgen. Misschien sluit een
van beide partijen zich wel bij jou aan. Ook kun je doen alsof je
een informant hebt bij de tegenpartij, die er in werkelijkheid
niet is. Zij zullen dan maanden bezig zijn met het zoeken naar
een mol* die niet bestaat. Zo hou je je tegenstander in elk
geval bezig…

* Zie het hoofdstuk: Spionnen in soorten en maten, pag. 137-143.

4) Speciale codes

Agenten houden er altijd rekening mee dat ze worden afgeluisterd. Daarom bevatten hun berichten meestal opzettelijke fouten. Die fouten zijn van tevoren afgesproken. Het zijn speciale codes. Niemand weet ervan, behalve de agent en zijn informant of chef. Zo'n 'fout' kan bijvoorbeeld de afspraak zijn dat je bij elk tijdstip drie uur moet optellen en van elke dag twee dagen moet aftrekken. Je spreekt dan via de telefoon vrijdag om zeven uur af, maar in werkelijkheid zie je elkaar woensdag om tien uur op die plek. Zo zijn er tientallen codes die spionnen met elkaar kunnen afspreken. Noem je bijvoorbeeld het woord 'kleurrijk' in je gesprek, dan betekent dit dat je wordt afgeluisterd en dat alles wat je zegt uit desinformatie bestaat. Je informant of chef weet dan dat wat je zegt onbelangrijk is. Maar de mensen die jou afluisteren worden op het verkeerde been gezet.

5) Codepraters

Vroeger werden de meeste spionageberichten via de radio verstuurd. Op een geheim tijdstip en via een geheime zender stuurde de geheime dienst een mededeling naar agenten of militairen. Dat was redelijk veilig, al kon je nooit honderd procent garanderen dat niemand je bericht afluisterde. Vooral de Duitsers en Japanners waren meesters in het onderscheppen van berichten. Maar daar hadden de Amerikanen in de Tweede Wereldoorlog een oplossing voor: codepraters. Codepraters waren indianen uit allerlei verschillende stammen. Zij spraken een eigen taal die verder niemand verstond. Ideaal voor het zenden en ontvangen van geheime berichten. Bovendien was hun taal zo ingewikkeld, dat geen enkele buitenstaander er iets van begreep. Hitler stuurde daarom al snel wetenschappers naar de Verenigde Staten om hun taal te leren. Maar er waren zo veel stammen, dat het onbegonnen werk was om al die talen te begrijpen. Nooit is een bericht van deze codepraters door de Duitsers of Japanners ontcijferd.

6) Verzoeknummers

Geheime diensten hadden soms een afspraak met radiostations. Ze konden 'speciale verzoeknummers' aanvragen, die het station dan draaide. In werkelijkheid waren deze liedjes ook geheime berichten. Alleen de agent in kwestie wist wat het precies betekende. Een onschuldig nummer als *Ooh I love you Baby* kon op die manier een betekenis hebben als 'Arresteer agent 464'.

7) 45624 66838 49233 59322 60751 12139 19842

Als je vroeger naar een bepaald kanaal op de radio luisterde, kon je wel eens op een willekeurig moment allerlei eindeloze cijferreeksen horen. Die konden in het Engels zijn, maar ook in het Russisch of Chinees. Dit waren gecodeerde spionnenberichten. Ook al luisterde je de berichten af, je kon er helemaal niets mee als je niet wist wat de sleutel van de code was. Dat kon bijvoorbeeld zijn:

1	2	3	4	5	6	7	8	9	0
x	g	l	a	n	q	d	z	p	j
k	t	e	v	b	m	r	i	f	s
c	o	u	w	h	y				

Denk nu niet dat de 1 hier bijvoorbeeld voor x, k of c staat. Er konden meer sleutels in zitten. Bijvoorbeeld: 'schuif elke letter twee plaatsen op'. De x, k en c worden dan z, m en e. Vaak zaten er zelfs nog meer sleutels in. Alleen de zender en ontvanger wisten natuurlijk welke.

Elke code die je kunt maken, kun je ook kraken. Maar bij dit soort berichten was de informatie alweer waardeloos tegen de tijd dat de ontcijferaars het bericht eindelijk gekraakt hadden…

8) ECHELON
Als je álle telefoontjes ter wereld afluistert in de hoop dat er belangrijke spionageberichten tussen zitten, lijkt dat wel heel erg op zoeken naar een speld in een hooiberg. Maar als je met gebundelde krachten dag en nacht op zoek gaat naar die 'spelden', vind je er zo nu en dan een paar. Met dat doel hebben landen als de Verenigde Staten, Engeland, Schotland, Canada en Australië een afluisterprogramma opgericht dat

ECHELON heet. Met behulp van computers worden alle berichten van verdachte personen onderschept en afgeluisterd.
Maar ook e-mails en telefoongesprekken met verdachte
namen en woorden (zoals 'bom', 'aanslag' of 'Bin Laden')
worden onderschept, beluisterd of gelezen. Meestal vinden ze
vooral 'hooi', maar zo nu en dan zitten er ook heel waarde-
volle 'spelden' tussen.

9) De Nationale Signals Intelligence Organisatie (NSO)

Ook de Nederlandse geheime diensten luisteren en lezen verdachte telefoonberichten en e-mails. Zij hebben daarvoor een
speciale organisatie opgericht, die de Nationale Signals Intelligence Organisatie heet. Zodra ze belangrijke ontdekkingen
doen, geven ze die direct door aan de Algemene Inlichtingen-
en Veiligheidsdienst (AIVD), de Militaire Inlichtingen- en Veiligheidsdienst (MIVD) en soms de minister van Defensie. Het

doel van de NSO is natuurlijk niet om zomaar mensen af te luisteren. Het doel is om terrorisme te bestrijden. Het is verboden om zonder reden mensen af te luisteren.

10) De hacker

De laatste twintig jaar is er nog een manier van 'afluisteren' bijgekomen: het stiekem in iemands computer snuffelen. Op elke computer met een internetverbinding kun je van een afstand inbreken, het zogenaamde 'hacken'. Als hacker kun je bijvoorbeeld een heel slim programmaatje naar de harde schijf van iemands computer sturen. Dat programmaatje stuurt alle handelingen die de computer verricht direct naar jou door. Zo zie je alle teksten die de gebruiker ontvangt en verstuurt, alle websites die hij bezoekt en alle codes die hij intoetst. Zonder dat hij of zij het merkt.

Datastream Cowboy...

Waar liggen de belangrijkste staatsgeheimen opgeslagen? Bij het Ministerie van Defensie. Wat is dus het ergste dat er kan gebeuren voor een land? Dat iemand daar inbreekt in de computer. En dat is precies wat er in 1994 gebeurde in het Pentagon, het Amerikaanse Ministerie van Defensie.

Een medewerker ontdekte dat er in de belangrijke documenten gesnuffeld werd. Hij sloeg direct alarm. Hier moest een high-tech meesterspion aan het werk zijn, die honderden superge-heime berichten over wapens, spionage en kernwapens wist te stelen. Meteen gingen de beste computerexperts van alle be-vriende geheime diensten op zoek naar deze persoon, die me-teen de grootste staatsvijand sinds tientallen jaren werd ge-noemd. Maar wie was het? Was het een terroristische organisa-tie of een vijandige geheime dienst?

Na maanden zoekwerk werd duidelijker en duidelijker waar de superspion zich bevond. En uiteindelijk wist men het. Het was iemand die in Londen woonde en zich 'Datastream Cowboy' noemde. Op een avond in mei stopten acht auto's met gieren-de banden voor het pand waarin Datastream Cowboy zich ver-school. Zwaarbewapende militairen stapten uit en vonden de superspion. Het was alleen niet helemaal wat ze verwachtten.

De superspion bleek Richard Pryce te zijn, een zestienjarige schooljongen die voor zijn plezier computers hackte. Hij had niets met spionage te maken. Hij was zelfs niet eens heel veel met computers bezig. Hij wilde liever muzikant worden...

De computers van het Pentagon zijn trouwens verreweg het populairst bij hackers. Jaarlijks zijn er maar liefst 250.000 pogingen om er in te breken. Veel daarvan slagen...

HOE ZIET EEN GEHEIME DIENST ERUIT?

Een geheime dienst van een belangrijk land is een enorme organisatie. Je kunt het vergelijken met een groot bedrijf met veel verschillende afdelingen. Kijk bijvoorbeeld maar eens naar de CIA, een van de grootste spionagediensten ter wereld. De CIA of Central Intelligence Agency is de inlichtingendienst van de Verenigde Staten.

Helemaal bovenaan staat de **Director Central Intelligence**, de directeur van de organisatie. Hij is de enige die toegang heeft tot álle informatie in de organisatie. Waarschijnlijk kent niemand ter wereld zo veel geheimen als hij...

Daaronder zit de directeur van de **Directorate of Intelligence**, de Inlichtingenafdeling. Deze tak verzamelt alle soorten informatie uit het buitenland. Die informatie halen de medewerkers gewoon uit kranten, internet en andere nieuwsbronnen. Best saai dus eigenlijk.

Dan heeft de CIA nog de **National Clandestine Service** (NCS), de Nationale Geheime-Operatie Dienst. Deze afdeling staat los van alle andere afdelingen en houdt zich bezig met het verzamelen van geheime informatie. Hier werken echte spionnen. De namen van de medewerkers van deze afdeling zijn geheimer dan de pincode van de President.

Naast de Inlichtingenafdeling zit de afdeling **Science & Technology**, Wetenschap & Techniek. Hier werken mensen aan alle technische snufjes en gadgets die het beroep van spion makkelijker maken. Er werken vooral wetenschappers, geen spionnen.

De afdeling **Support,** oftewel Ondersteuning, regelt alle benodigdheden voor geheime missies. Bijvoorbeeld experts, de juiste gegevens, geld, onderdak en allerlei andere belangrijke hulpmiddelen die spionnen nodig hebben.

In het **Center for the Study of Intelligence**, het Centrum voor Spionagestudies, worden alle archieven bijgehouden en bestudeerd. Hier staan honderden kasten vol dossiers, documenten en boeken over spionage en missies in het verleden. Hier behandelen ze spionage alsof het een studie aan de universiteit is en hopen zo te leren van (fouten uit) het verleden.

Het **Office of General Counsel,** oftewel het Bureau van de Algemene Adviesraad, adviseert de directeur over alle wettelijke zaken die met het dagelijkse werk van de spionagedienst te maken hebben. Hier werken advocaten en andere medewerkers die zich bezighouden met (on)wettelijke zaken waarmee een geheime dienst te maken heeft. En dat zijn er nogal wat...

Weet je WEETJE

Wat doet een advocaat bij de geheime dienst?

Geen geheime dienst kan zonder advocaten. Allereerst is een geheime dienst natuurlijk een grote organisatie. En elke grote organisatie heeft advocaten in dienst. Een geheime dienst moet zich aan de wet houden en de advocaten kunnen bepalen of een bepaalde aanpak binnen de wet valt. Je mag in Nederland bijvoorbeeld niet iemand zonder toestemming afluisteren in een bepaalde ruimte. De advocaten van de AIVD bedachten toen dat het wel toegestaan was om mensen af te luisteren op een terrasje. Daarom plaatsten ze daar apparatuur om verdachten toch af te kunnen luisteren.

Daarnaast heeft een geheime dienst advocaten in dienst om zaken te regelen voor de spionnen. Een spion moet geheim blijven. Dat betekent dat hij bijvoorbeeld geen huis kan kopen, want als je een huis koopt, moet je je naam opgeven en je paspoort laten zien bij een notaris. De advocaten van de geheime dienst regelen al dit soort dingen, zodat de spion zich met zijn echte werk kan bezighouden.

Het **Office of Inspector General**, de Afdeling van de Algemene Inspecteur, onderzoekt of alle afdelingen wel effectief,
zuinig en eerlijk genoeg werken. Medewerkers van deze afdeling onderzoeken of er geen geld verspild wordt bij bepaalde
operaties en of er geen grote blunders worden gemaakt.
Maar ze controleren ook of de medewerkers geen misbruik
maken van alle mogelijkheden die ze hebben. (Bijvoorbeeld
dat ze geen computers kraken met behulp van de apparatuur
van de CIA, zodat ze geld van andermans rekening naar hun
eigen spaarrekening kunnen overboeken.)

De laatste afdeling is het **Office of Public Affairs,** oftewel de
afdeling Voorlichting. Journalisten, sollicitanten of andere ge-
interesseerden die vragen hebben voor de CIA, kunnen ze hier
stellen. Waar bijna alle andere afdelingen gericht zijn op het
verzamelen van informatie, is dit de enige afdeling die informatie *geeft*. Maar ja, er blijft heel wat meer geheim dan dat er
verteld wordt...

Eén belangrijke afdeling heeft de CIA niet. Dat is de afdeling **Counter Intelligence**, Contraspionage. Contraspionage is het opsporen en bestrijden van spionagediensten uit het buitenland. Dat is vooral een taak voor veiligheidsdiensten, zoals bijvoorbeeld de Amerikaanse FBI (Federal Bureau of Investigation).

Inlichtingendiensten en veiligheidsdiensten in eigen land

Als je in Nederland of België spion wordt, kom je in Nederland bij de AIVD (Algemene Inlichtingen- en Veiligheidsdienst) terecht en in België bij de Staatsveiligheid. Beide organisaties zijn zowel veiligheidsdienst als inlichtingendienst. Zit je bij een veiligheidsdienst, dan blijf je in eigen land. Je spioneert bij mensen en organisaties die onze veiligheid in gevaar brengen. Zit je bij een inlichtingendienst, dan zoek je in het buitenland naar geheime informatie. Bij de AIVD en de Staatsveiligheid kun je dus zowel in eigen land als daarbuiten terechtkomen.

Wat doen onze geheime diensten?

De kans dat een land een oorlog tegen ons begint en ons aanvalt, is heel klein. Toch hebben onze geheime diensten genoeg te doen. Er zijn wel degelijk gevaarlijke situaties waarbij onze spionnen goed van pas komen. Een paar voorbeelden:

Treinkaping

In 1977 kaapte een actiegroep een trein bij De Punt in Drenthe. Dat was niet alleen een klus voor de politie, maar vooral voor de geheime dienst en het leger. Zo wilde men weten hoeveel kapers er waren en wat ze van plan waren. De geheime dienst bedacht een slim plan. De kaping duurde al dagen en de gijzelaars en kapers moesten zo nu en dan te eten krijgen. De technici van de geheime dienst hadden toen de kratten waarin het eten vervoerd werd, volgestopt met verborgen afluisterapparatuur. Zo wisten ze precies wat er gezegd werd. En daardoor kreeg het leger precies die informatie die ze nodig hadden om de kapers te verrassen en een eind te maken aan de gijzeling.

Contraspionage

In Nederland en België wemelt het van de spionnen uit het buitenland die onze geheimen willen weten. Daarom proberen onze geheime diensten deze spionnen zo veel mogelijk in de gaten te houden. Dat doen ze onder andere door precies bij te houden wie er bij de ambassades van spionerende landen naar binnen gaan. Natuurlijk niet met grote beveiligings-camera's, maar met volkomen onzichtbare cameraatjes die iedereen precies kunnen volgen. Ook krijgen de auto's van vijandige spionnen verborgen zendertjes, waarmee ze precies gevolgd kunnen worden. Op het dak van het Okurahotel in Amsterdam heeft jarenlang een antenne gestaan die alle spionnenauto's precies wist te volgen.

Terroristen

Terroristen vormen momenteel het grootste gevaar voor onze landen. Toch zijn ze zeker niet alleen sinds de afgelopen jaren actief. Al tientallen jaren zijn er allerlei soorten terroristen met verschillende doelen geweest. Het doel van de geheime dienst is precies te onderzoeken wie het zijn, met wie ze contact hebben en wat ze van plan zijn. Soms doen ze dat door de verdachten af te luisteren, soms gebruiken ze een undercover agent. Dat is iemand die onder een schuilnaam lid wordt van zo'n organisatie en zo van binnenuit precies doorgeeft aan de geheime dienst wat er gebeurt. Het is natuurlijk heel belangrijk dat zo iemand niet ontmaskerd wordt, of in spionagewoorden: 'aangebrand raakt'. Dankzij de AIVD en de Staatsveiligheid zijn er al heel wat aanslagen voorkomen.

De dienst die niet bestaat...

Jarenlang deden de regeringen van verschillende landen alsof ze geen inlichtingendienst hadden. Ze wilden niet toegeven dat ze een organisatie hadden die spioneerde en andere verboden dingen deed in het buitenland. De regering zou dan namelijk toegeven dat ze misdadigers in dienst had. Daarom bestonden de diensten officieel niet.

Flauwekul natuurlijk. Want alle buitenlandse regeringen wisten wel degelijk dat de inlichtingendiensten bestonden. Bovendien zorgde het voor allerlei rare problemen. Want hoe geef je een salaris aan mensen die bij een dienst werken die niet bestaat? Tegenwoordig zijn ze wat slimmer. Bijna alle landen geven toe dat ze een inlichtingendienst hebben. Ze ontkennen alleen dat die diensten dingen doen die niet mogen. Maar wij weten wel beter...

WAT DOET EEN SPION?

Iedereen denkt dat een spion voortdurend op pad is voor geheime missies en altijd spannende avonturen beleeft. Nou, mooi niet. Het grootste deel van het spionnenwerk is saai en ongevaarlijk. Spionnen doen vooral drie dingen: lezen, informanten werven en rapporten schrijven.

Spionnenwerk 1: lezen, lezen en nog eens lezen

Een groot gedeelte van het werk bestaat uit het lezen van kranten, bladen en tijdschriften. Dat zijn de belangrijkste bronnen van informatie! Zodra er een belangrijk artikel over een bepaald onderwerp in de krant staat, wordt het uitgeknipt. Daarna wordt er een rapport over geschreven, of het krantenknipsel komt in een dossier terecht. Maar wat lezen ze dan? En waarom?

Kranten en tijdschriften in het algemeen – Als spion moet je alles weten over het land waar je werkt. Je moet weten wie de belangrijke ministers zijn, je moet weten hoe de economie er voor staat, hoe het er in de politiek aan toe gaat, enzovoort. Een spion weet heel wat meer over het land waar hij werkt dan de inwoners zelf! Een spion is eigenlijk een soort journalist. Hij schrijft alleen geen artikelen voor kranten, maar geheime rapporten voor de geheime dienst.

Speciale tijdschriften – Elke agent heeft zijn eigen vakgebied. De een moet over de marine of landmacht in een bepaald land schrijven, de ander moet alles van politiek weten. Weer een ander houdt zich bezig met wetenschappelijke informatie (bijvoorbeeld geheimen over kerncentrales). Dat betekent dat je de bladen over die onderwerpen moet lezen. Je moet bijblijven op je vakgebied. Bovendien moet je alle belangrijke namen in het vak kennen.

Personeelsbladen – Elke grote organisatie heeft een personeelsblad. Dat is een krantje dat alleen voor de medewerkers bestemd is. Er staat nieuws in over de organisatie, nieuwe medewerkers en mensen die er vertrekken. Zo kom je aan een belangrijke lijst met namen en die heb je nodig. Want je weet maar nooit wie je later kunt gebruiken.

Spionnenwerk 2: informanten werven

En als de spion uitgelezen is, breekt hij in bij belangrijke organisaties en steelt daar geheime documenten. Toch? Nee, helaas. Dat zou namelijk ontzettend dom zijn. Het kost enorm veel moeite om zoiets voor elkaar te krijgen – áls dat je al zou lukken. Bovendien, als je gepakt wordt, is je carrière als spion voorbij.

Waarom je niet voorzichtig genoeg kunt zijn

Wat is het aller-, aller-, allerergste wat een spion kan overkomen? Dat zijn haar slecht zit? Dat hij veel geld verliest in het casino? Dat zijn versierpoging mislukt? Nee. Niets is erger dan ontmaskerd worden. Voor een diplomaat is het erg, omdat hij het land uitgezet kan worden. Maar voor een illegaal* is het nog veel erger; hij kan zelfs de doodstraf krijgen. Maar ook als hij vrijgelaten wordt, is het een ramp.

Elke illegaal heeft een peperdure opleiding gehad. Hij weet alles van een bepaald land. Hij heeft jarenlang gestudeerd om de taal perfect te spreken. Zijn geheime dienst heeft er maanden aan gewerkt om hem op een bepaalde plek te krijgen, met een onopvallende baan. Al die moeite is dan voor niets geweest. De operatie waaraan velen gewerkt hebben, is in één klap waardeloos. Jaren aan voorbereiding zijn weggegooid.

En dan opnieuw beginnen? De taal leren van een ander land en daar weer alles over te weten komen? Een nieuwe naam bedenken en in het volgende land aan de slag gaan? Vergeet het maar. Als illegale spion krijg je zelden een kans om het helemaal opnieuw te doen. Je carrière is voorbij. Ook voor je geheime dienst is het een drama. Enorm veel tijd, geld en moeite waren in één keer voor niets. Maar belangrijker nog: andere agenten lopen nu ook gevaar. Daarom vindt je geheime dienst alles best, zolang je maar niet gepakt wordt. Al werf je een jaar lang nauwelijks informanten en schrijf je slechte rapporten. Zolang je niet gepakt wordt, word je niet ontslagen.

* Zie het hoofdstuk: Spionnen in soorten en maten, pag. 137-143.

Hoe kom je dan wel aan geheime informatie? Door contact te leggen met mensen die toegang hebben tot die informatie. Zij kunnen eenvoudig bij die documenten. Je maakt van hen agenten, zogenaamde informanten, die voor jou spioneren.

Even een kleine quiz om te kijken of jij goed informanten zou kunnen werven. Hoe zou jij het aanpakken?

---

1) Wat voor informant werf je?

a. Meteen de hoogste baas bij een organisatie. Alleen die weet alles.

b. Een secretaresse bij die organisatie.

2) Hoe ga je te werk?

a. Ik koop hem/haar om met een heleboel geld. Of ik dreig hem/haár of zijn/haar familie iets aan te doen als hij/zij niet doet wat ik zeg.

b. Ik leg eerst heel voorzichtig contact. Daarna zien we wel verder.

Welke antwoorden had je tot nu toe? Hopelijk telkens **b**, want **a** was fout. Hoe wilde je met de hoogste bazen van een organisatie in contact komen? Denk je niet dat die voortdurend op hun hoede zijn? Zodra ze merken wat je van plan bent, zijn al je kansen meteen voorbij. Bij secretaresses heb je veel meer kans. En zij weten vaak bijna net zo veel! En moet je je eens voorstellen dat je omgekocht of bedreigd wordt. Wat zouden de meeste mensen in zo'n geval doen? Naar de politie gaan. En als die je pakt, ben je helemaal de klos. Je kunt het daarom niet voorzichtig genoeg aanpakken.

Spionnenwerk 3: rapporten schrijven

De derde taak van een agent is het schrijven van rapporten. Die lijken het meest op krantenberichten. Maar dan voor een krant met maar één abonnee: de geheime dienst. Een bakker zorgt voor brood, een slager voor vlees en een spion zorgt voor rapporten met geheime informatie. Voeren geheime diensten dan nooit gevaarlijke operaties uit? Zijn de speciale eenheden er alleen voor de sier? Zijn spionnen alleen maar een stelletje boeken- en krantenwurmen die bang zijn om gepakt te worden? Nee. Er gebeuren nog genoeg spannende dingen en er worden heel wat clandestiene (dat betekent geheim of verboden) operaties uitgevoerd. Toch vormen die acties maar een klein deel van het werk van de geheime dienst. De meeste uren gaan op aan duf kantoorwerk. Weet je zeker dat je nog spion wilt worden…?

Geheime documenten te pakken krijgen in zeven stappen

Voorzichtig zijn. Daar gaat het om. Maar hoe krijg je door voorzichtig te zijn geheime documenten in je bezit? Met bijvoorbeeld de volgende cursus:

Schriftelijke cursus geheime documenten te pakken krijgen

Wie geheime informatie wil hebben, moet zeven stappen met succes kunnen nemen. Deze stappen zijn:

Stap 1: Je zoekt de juiste kandidaat. Je informant moet natuurlijk toegang hebben tot belangrijke documenten. Maar lang niet iedereen is even geschikt. Het liefst zoek je iemand die niet helemaal tevreden is op zijn werk, die wat eenzaam is en die een beetje een vreemde eend is in de organisatie.

**Stap 2: Zorg dat je bevriend raakt met je toe-
komstige informant.** Je kunt er van tevoren via via
achter komen wat iemands hobby's en interesses zijn.
Vervolgens kun je een keer toevallig een praatje maken
en die onderwerpen noemen. Dan ontstaat er vanzelf
een wat langer gesprek. Is iemand bijvoorbeeld heel erg
geïnteresseerd in ballet, dan zeg je dat je toevallig een
kaartje overhebt voor een mooie voorstelling en geen
zin hebt om alleen te gaan.

Stap 3: Geef mooie cadeaus. Doe je voor als een
rijke zakenman of -vrouw. Geld speelt voor jou geen
rol. Daarom overlaad je je toekomstige informant met
mooie cadeaus en neem je hem of haar vaak mee uit
eten in dure restaurants.

Stap 4: Geef je informant een onschuldige opdracht. Zeg bijvoorbeeld dat je als zakenman geïnteresseerd bent in bepaalde gegevens over de organisatie waarvoor je informant werkt. Dat mogen nog géén geheime gegevens zijn (je blijft voorzichtig). Omdat die gegevens niet geheim zijn, kan je informant ze gewoon geven. Wanneer hij of zij dat gedaan heeft, betaal je daar een flink bedrag voor.

Stap 5: Geef vaker opdrachten en betaal daar goed voor. Op die manier raakt je kandidaat steeds meer afhankelijk van het geld. Geld werkt bij de meeste mensen als een verslaving. Je wil er steeds meer van en als je aan een bepaalde hoeveelheid gewend bent, is het moeilijk om er ineens minder van te hebben.

Stap 6: Vraag om onschuldige geheime informatie. Nu ga je voor het eerst om geheime informatie vragen. Het moet om een heel onschuldige vraag gaan. Bijvoorbeeld een geheim telefoonnummer. Of privé-informatie over een collega van die persoon. Informatie die je niet zomaar kunt vinden, maar waarvan je ook weinig misbruik kunt maken. Beloon je informant nu extra.

Stap 7: Ga steeds een stapje verder. Je onderzoekt hoe ver je kunt gaan. De informatie die je vraagt, wordt steeds belangrijker en geheimer. Op een gegeven moment beseft je informant wat hij of zij aan het doen is. Veel informanten zullen daar geen problemen mee hebben en doorgaan met het geven van informatie. Als mensen weigeren kun je zeggen dat ze al heel veel geheime informatie hebben gegeven. Ze zijn dus al strafbaar en kunnen niet meer terug. De keus voor hen is: óf zichzelf aangeven en gestraft worden, óf jou blijven helpen en veel geld verdienen. Bijna iedereen kiest voor het laatste. Wil iemand echt niet, dan trek je je terug. De kans is groot dat die persoon jou niet verraadt, omdat hij of zij zichzelf ook niet wil verraden.

Soms worden mannen verleid door aantrekkelijke vrouwelijke agentes om voor hen te gaan spioneren. Deze vrouwen heten ook wel 'zwaluwen'. Andersom gebeurt het natuurlijk ook: een man verleidt een vrouw om voor hem te spioneren. Dan heet de mannelijke spion een 'zwaan'.

Supersnel informanten werven voor diplomaten

Voor diplomaten ligt het iets anders. Omdat zij nooit opgepakt worden, kunnen zij wat meer risico lopen. Worden ze het land uitgezet, dan kunnen ze zo weer in een ander land aan de slag. Daarom hebben zij ook een snellere manier om een informant te werven. De KGB, de vroegere Russische geheime dienst, gebruikte de volgende informanten-werven-in-één-avond-techniek:

1. Geef je toekomstige informant een complimentje en geef hem een klein cadeautje.

2. Vraag hoe het met zijn gezondheid en zijn familie gaat.

3. Praat over politiek. Bespreek een politieke gebeurtenis die niet zo lang geleden heeft plaatsgevonden. Vraag hem naar zijn mening en onderzoek of die overeenkomt met die van de Russen. (Is dat niet het geval, dan stopt het hier natuurlijk al.)

4. Praat over een krantenbericht dat je hebt gelezen over een onderwerp waarvan je toekomstige informant veel meer weet. Onderzoek of hij bereid is om meer informatie te geven dan in het artikel stond.

5. Vraag in het grootste geheim of hij bereid is om tegen betaling meer van deze informatie te geven. Let op zijn reactie. Wordt hij boos, doe dan net alsof je een grapje maakte. Is hij geïnteresseerd, leg dan uit hoe je in het vervolg in het geheim contact met hem zoekt.

Russische spionnen spreken nooit in de ik-vorm. Ze zeggen altijd 'je helpt ONS enorm' en nooit 'je helpt MIJ enorm.' Door 'ons' te zeggen, maak je duidelijk dat je doelwit te maken heeft met de machtige Russische geheime dienst. Daar zal hij of zij veel respect voor hebben en zelfs een beetje bang voor zijn. Zo iemand is daarom sneller bereid om je te helpen. De Israëlische geheime dienst, de Mossad, gebruikt deze truc ook.

Weet je WEETJE

Hoe test je of je informant te vertrouwen is?
Je hebt een agent geworven. En hij is bereid om voor je te spioneren. Ben je vanaf dit moment alleen nog maar bezig met het verzamelen van informatie? Eind goed, al goed? Nee hoor, absoluut niet. Want wie zegt dat je informant te vertrouwen is? Wie zegt dat je informant niet stiekem voor de tegenpartij werkt? Daarom moet je vooral in het begin allerlei tests uitvoeren. Bijvoorbeeld deze:

Maak een afspraak met je agent. Zeg hem halverwege de ontmoeting dat je er even dringend vandoor moet. Zeg dat je je koffertje niet mee kunt nemen, omdat je naar een gevaarlijke plek gaat. Er zitten belangrijke geheime documenten in je koffertje en die mogen niet in handen van de vijand komen. Vraag je agent of hij er daarom even op wil passen.

Natuurlijk zitten er geen geheime documenten in je koffertje. Wat er wel in zit? Afluisterapparatuur! Zo kun je al die tijd horen wat je agent doet en zegt. Belt hij anderen? Zegt hij dat hij een geheim koffertje heeft? Probeert hij het open te maken en te kijken wat erin zit? Zo kom je er al snel achter of je agent te vertrouwen is. Eén test is niet genoeg. Je moet er een aantal doen. Pas dan kun je je agent echt vertrouwen. En dan ben je nog niet klaar. Elk jaar moet je je agent opnieuw testen. Hij zou in de tussentijd zomaar voor de vijand kunnen zijn gaan werken...

Tips van een spion: maak een spionnenring

Gegroet, kameraden. Mijn naam is MARK. Ik leg jullie in deze korte les uit waar het allemaal om gaat in de wereld van de spionage.

Het voorbeeld dat ik hier geef, komt uit mijn eigen ervaring als spion. Mijn taak was om alles over een geheim wapen van de vijand te weten te komen. Hoe werd het gemaakt? Hoe kon je het zelf bouwen? En hoe moest je je ertegen verdedigen? Zo ging ik te werk:

Informant 1: BUMBLEBEE
De eerste informant die ik geworven had, gaf ik de naam BUMBLEBEE (dat is Engels voor hommel). Hij werkte bij de fabriek die het wapen maakte. Ook al wist hij weinig van het wapen, hij was van onschatbare waarde voor mij. Hij legde precies uit wie er allemaal werkten en zorgde ervoor dat ik contact kon leggen met zijn collega's die wel aan het wapen werkten.

Informant 2: RAYMOND
Via BUMBLEBEE kwam ik in contact met Harry Gla… ik bedoel, eh… RAYMOND. Hij was een scheikundige die alles van het wapen wist. Hij kon precies vertellen hoe het wapen in elkaar zat en hoe je het moest maken.

Agent 1 en 2: LIBERAL en ANTENNA

De kans is groot dat de mensen die aan een geheim wapen werken, worden gecontroleerd. Dat gold ook voor RAYMOND. Waarschijnlijk werd hij zo nu en dan gevolgd om te kijken of hij geen contact had met spionnen zoals ik. Daarom wilde ik geen direct contact met hem. Dat zou ons allebei in gevaar brengen. Alle informatie werd daarom uitgewisseld via een 'onschuldig' echtpaar: mijn agenten LIBERAL en ANTENNA.

Agent 3 en 4: VOLUNTEER en LESLEY

LIBERAL en ANTENNA moesten voortdurend op reis om de geheime informatie naar mijn geheime dienst te sturen. Als je zo veel reist, gaat dat opvallen. Daarom had ik nog een 'onschuldig' echtpaar nodig om de informatie bij mijn agenten op te halen. Dat werden VOLUNTEER (vrijwilliger) en LESLEY. Daarmee was mijn spionnenring compleet. Zo kon ik jarenlang ongestoord de grootste geheimen naar mijn geheime dienst sturen. Totdat…

TOPGEHEIM

Alleen te lezen door bevoegden!

BETREFT: Ontmaskering MARK

Geheim agent MARK ontmaskerd – stop – MARK is Russische KGB-agent Vilyam Genrikovich

---

Fischer (ook wel Willy Fischer, Rudolf Abel en Emil R. Goldfus) – stop – ook namen informanten en agenten bekend – stop – BUMBLEBEE is David Greenglass, RAYMOND heet Harry Gold, LIBERAL en ANTENNA zijn Julius en Ethel Rosenberg en VOLUNTEER en LESLEY zijn Morris en Lona Cohen – stop – allen gearresteerd wegens doorspelen informatie over atoombom – einde bericht.

Tja, uiteindelijk zijn we allemaal gearresteerd. Harry Gold eerst. Hij verraadde David Greenglass. Die verraadde de Rosenbergs en zij verraadden de Cohens weer. En ik? Ik werd gearresteerd vanwege een ellendige krantenjongen (zie hierna: De Holle Munt Zaak). Ik zou voor jaren achter de tralies gaan. Gelukkig werd ik geruild voor een Amerikaanse straaljagerpiloot. Die was boven Russisch grondgebied neergeschoten en gevangen genomen. Ik ben dus weer vrij. Bovendien kreeg ik een belangrijke medaille én hoef ik als dank nooit meer te betalen voor de bus of tram.

Van krantenjongen tot spionageheld of De Holle Munt Zaak

Vroeger betaalden abonnees van kranten het geld voor de krant aan de krantenjongens. Zo had een bezorger op 22 juni 1953 het geld opgehaald bij iedereen op zijn ronde. Maar één muntstuk zag er nogal raar uit. Het was ook lichter dan de andere munten. En toen hij het per ongeluk op de grond liet vallen, viel het uit elkaar. Er zat een heel klein fotootje in, met allemaal getallen erop. Hij zag al snel dat dit niet pluis was en gaf de munt aan de politie. De politie zag meteen dat het om een geheime spionagecode ging en bracht de munt naar de Amerikaanse veiligheidsdienst, de FBI.

Vanaf dat moment werkten de codekrakers bij de FBI zich helemaal suf om de code te kraken. Maar zonder succes. De code bleef een mysterie. Totdat in 1957 Reino Hayhanen, een belangrijke Russische spion, naar de Amerikanen overliep. Hij kende de codes en ontcijferde ze voor de FBI. Dankzij de codes en de tips van Hayhanen kon een van de gevaarlijkste Russische spionnen gearresteerd worden: Vilyam Fischer alias Rudolf Abel.

BEROEMDE SPIONNEN

Je kunt als spion nooit je informanten en medespionnen vertrouwen. Want je weet nooit of iemand wel de waarheid vertelt. En als je niet heel goed oppast, word je gearresteerd en opgesloten. Maar ook al overkomt jou dit niet, dan eindig je waarschijnlijk toch wel arm en berooid. De volgende spionnen kunnen daarover meepraten. Het zijn de beroemdste spionnen uit het verleden. En hoe slim en goed ze ook waren, het liep vaak slecht met ze af...

Sir Francis Walsingham: 'Wil jij spion worden? Doe het niet! In elk geval niet voor de Engelse koningin!'
Ik kan het weten, want ik ben sir Francis Walsingham. Ik leefde van 1530 tot 1590 en was de spion van de Engelse koningin Elizabeth I. Ik richtte een complete geheime dienst voor haar op. En die bestaat nog steeds! Want uit mijn organisatie zijn de huidige Engelse geheime diensten ontstaan. Ook redde ik de koningin toen er een moordcomplot tegen haar beraamd werd. Bovendien wist ik Engeland in 1588 aan een belangrijke overwinning tegen Spanje te helpen.

Maar denk je dat ik rijkelijk beloond werd? Ho maar. Ik kreeg een uiterst mager salaris en stierf twee jaar na de overwinning straatarm en diep in de schulden. Als je dus spion wordt, doe het dan niet voor de Engelse koningin Elizabeth I. Nou ja, dat wordt ook lastig, want ze is al vier eeuwen dood.

De Chevalier d'Eon: 'Spioneer ook niet voor de Franse koning!'

Met mij ging het bijna net zo. Ik ben de Chevalier d'Eon. Charles Geneviève Louis Auguste André Timothée d'Eon de Beaumont om precies te zijn. De beste spion van de Franse koning Lodewijk de Vijftiende. Mijn specialiteit was doen alsof ik een vrouw was. En bijna iedereen trapte erin. Er werd aan het eind van mijn leven zelfs op gewed of ik misschien toch echt een vrouw was.

Ik was een meesterspion. Zo wist ik verkleed als vrouw een geheim verdrag met de Russische keizerin te sluiten. Bovendien liet ik de Franse koning weten of Engeland klaar was voor een oorlog met Frankrijk. Denk je dat-ie dankbaar was? Mooi niet. Hij was bang. Bang dat ik ontmaskerd zou worden.

Hij riep me weer terug naar Frankrijk, maar ik wilde helemaal niet. Ik bleef in Londen en hield alle geheime documenten bij me. De Fransen boden me een flink bedrag als ik de documenten zou teruggeven. Toen ging ik akkoord, want ik zat diep in de schulden. Maar de Fransen hadden nog een bizarre voorwaarde. Ik zou voortaan als vrouw door het leven moeten gaan. Dat deed ik toen maar. Uiteindelijk stierf ik arm en eenzaam.

Karl Schulmeister: 'Ik kreeg er ook tabak van...'

Kijk, die d'Eon en Walsingham pakten het natuurlijk verkeerd aan. Ik, Karl Schulmeister, was als spion schatrijk. Ik spioneerde voor de Franse heerser Napoleon. Dankzij mij wist hij heel wat overwinningen te behalen. De belangrijkste was die op Oostenrijk. Daar wist ik binnen te dringen tot de top van de Oostenrijkse geheime dienst. Ik wist heel veel geheimen te ontdekken en gaf ondertussen de Oostenrijkers allerlei valse informatie. Zo liet ik 30.000 man van het Oostenrijkse leger omsingelen door een overmacht van Franse troepen. Ha! Een maand later veroverde Napoleon het hele land. Voor al deze diensten werd ik heel goed betaald. Maar toen Napoleon de slag bij Waterloo verloor, werd een groot deel van mijn geld afgepakt. Daarna stopte ik met spioneren. Ik begon een tabakswinkel in Straatsburg. Liever een tevreden roker dan een onruststoker, zullen we maar zeggen. Maar ik was een betere spion dan winkelier, want met mijn zaken ging het niet goed. Dus ook ik stierf uiteindelijk arm. Maar ik leefde wel lang en gelukkig.

Sidney Reilly: 'Ik was beter dan James Bond.'
Mijn naam is Reilly, Sidney Reilly. Maar Sidney Rosenblum mag ook. Al is dat ook niet per se mijn echte naam. Want die hoeft niemand te weten. Toen ik voor de Britse geheime dienst ging werken, noemde ik me Sidney Reilly en verrichtte ik vele heldendaden in Rusland.

Maar hoewel die heldendaden allemaal even spannend zijn, is dat niet de reden waarom ik zo beroemd ben geworden. Ik verkeerde altijd in dure hotels, bars en restaurants, met aan mijn zijde de meest beeldschone vrouwen. Ik was zelfs met meerdere vrouwen tegelijk getrouwd. Zonder dat die het van elkaar wisten, natuurlijk. Ik ben ook niet gek! Daarnaast had ik tientallen vriendinnen. Ik was dan ook altijd goed gekleed en zeer charmant. Doet dit je aan iemand denken? Dat is geen toeval. De schrijver Ian Fleming werkte ooit voor de Britse geheime dienst en leerde mij kennen. Dat bracht hem op het idee om boeken te schrijven over een spion: ene Bond, James Bond.

Ik werd in 1925 door de Russische geheime dienst opgepakt en doodgeschoten. Maar in de vele boeken die over mij en James Bond zijn geschreven, leef ik nog steeds voort. Fleming zelf zei eens: 'James Bond is een absolute held, maar zo goed als Sidney Reilly zal hij nooit worden.' Zo is het maar net.

Lord Baden-Powell: 'Word eerst scout!'
Kijk, de fout die die sukkels hierboven maakten, is dat ze geen scout zijn geworden, zoals ik. Ik ben Robert Stephenson Smyth Baden-Powell of Gilwell. Komt de naam Baden-Powell je bekend voor? Dan ben je vast een scout. Ik was namelijk de oprichter van de padvinderij, zoals scouting toen nog heette. Maar ik spioneerde ook. En daarbij had ik veel aan alle kennis die ik als padvinder had opgedaan. Zo hielp mijn kennis van de natuur mij bij mijn spionagewerk tijdens de Eerste Wereld-

oorlog. Terwijl ik de omgeving verkende en precies noteerde hoe de forten en verdedigingslinies eruitzagen, deed ik me voor als bioloog. Ik verborg de plattegronden van de forten in... tekeningen van vlinders. Als je goed keek, zag je in het motief van de vleugels allerlei strepen en stippen. Dat waren muren, kanonnen en andere militaire doelen. Kijk, zo:

Hetzelfde deed ik met tekeningen van bladeren.
Ik verrichtte ook nuttig werk voor de Britten in Duitsland en in Zuid-Afrika. Maar hoe belangrijk ik als spion ben geweest weet niemand precies. En dat is voor een spion natuurlijk een goede eigenschap.

Mata Hari: 'Was ik maar lerares geworden.'
Pfff. Ik ben veel beroemder dan al die spionnen hierboven bij elkaar. Ik werd in 1876 in Leeuwarden geboren als Margaretha Geertruida Zelle. Ik wilde eigenlijk onderwijzeres worden,

maar werd van school gestuurd omdat ik aan het vrijen was met het schoolhoofd. Later werd ik danseres in Parijs. Ik noemde mezelf 'Mata Hari' (Dat betekent: het Oog van de Dag, oftewel zon). Bijna elke man werd verliefd op me. Daarna verhuisde ik naar Berlijn. Daar haalde het hoofd van de politie me over om te spioneren voor de Duitsers. Maar veel succes had ik er niet mee. Ik werd zelfs een keer opgepakt door de Britse geheime dienst. Ze lieten me vrij als ik beloofde dat ik stopte met spioneren. Vanaf dat moment werd ik steeds in de gaten gehouden. Ik zocht meteen weer contact met de Duitsers. Maar die vonden dat ze niet veel aan me hadden. Ze stuurden me daarom op pad met een vals bericht. Zo hoopten ze dat de valse informatie in handen van de Fransen zou komen. En zo ging het ook. Ik werd gepakt en de Fransen werden op het verkeerde been gezet. Ik werd vervolgens wegens hoogverraad ter dood veroordeeld. Ach ja, het leven zit niet altijd mee…

Acoustic Kitty, de spinnende spion

Niet alleen mensen kunnen spioneren. Dieren zijn er bijna net zo goed in. Dat postduiven en speurhonden ingezet worden bij spionage is nog wel te begrijpen. Maar de Amerikanen hadden in de jaren zestig van de vorige eeuw ook een plan met een kat. Dat zorgde voor een van de gekste verhalen uit de geschiedenis van de spionage.

Het idee was om afluisterapparatuur in de buik van een kat te stoppen en de kat daarna los te laten bij spionnen of gebouwen. Een kat komt immers op plaatsen waar een spion geen toegang krijgt. Bijvoorbeeld op daken en langs vensters van gebouwen. Of kopjesgevend tegen de benen van twee Russen die in het park een geheim overleg voeren. Zo kon je dus heel wat te weten komen. Maar zou het ook echt werken?

Dat was inderdaad nog een heel probleem. Allereerst moest de kat geopereerd worden om de afluisterapparatuur in zijn buik te plaatsen. En er werd natuurlijk niet zomaar een apparaat gebruikt. De microfoon moest zo krachtig zijn, dat hij geluiden door de ramen van gebouwen kon opvangen. En tegelijk mocht het niet het geknor en gerommel in de maag van de kat laten horen. Bovendien moest het een goede zender hebben met een grote antenne. Maar daar is elke kat goed voor uitgerust: een staart is de perfecte plaats voor een antenne.

Na lang sleutelen hadden ze een apparaat gebouwd dat perfect werkte. Al moest het lastigste nog komen.

Want een hond kun je nog wel wat kunstjes leren, maar bij katten is dat een stuk lastiger. Ze doen bijna nooit wat je wilt. Uiteindelijk, na een paar jaar uitvoerige training werkte de kat een beetje mee. Tenzij hij honger had of achter de dames aanging. Dan vergat hij zijn missie en ging op zoek naar een vuilnisbak of een van de Moskouse zwerfpoezen. Met veel pijn en moeite bedachten ze daar een oplossing voor. Ze ontwikkelden een zendertje waarmee ze de kat konden laten doen wat ze wilden. Zo werd Acoustic Kitty, zoals de kat werd genoemd, de eerste radiografisch bestuurbare kat ter wereld.

Na vijf jaar trainen en vele miljoenen dollars aan apparatuur en onderzoek was de kat klaar voor zijn eerste opdracht.
Vol verwachting brachten ze hem naar een park waar veel Russische spionnen waren. Daar viel ongetwijfeld genoeg te horen. Maar de kat was nog niet los of het ging mis. Het beest keek niet uit en werd direct vermorzeld onder een taxi. Van het dure spionageproject was in één klap niet veel meer over dan een plat vachtje waar wat ijzerdraadjes uit staken. Een kat heeft negen levens, zeggen ze wel eens. Maar deze niet.

DE OUDSTE SPIONNENTRUCS

Stel. Je bent als spion in de rimboe. Je bent je tas met doelzoekende wapens, afluisterapparatuur en nachtkijkers kwijt-
geraakt. Sterker nog, je hebt helemaal niets meer. Wat doe je
dan? Dan los je alles op zoals de spionnen het in het tijdperk
voor de doelzoekende wapens, afluisterapparatuur en nachtkijkers oplosten. Want ook vroeger werd er flink gespioneerd.
En met eenvoudige middelen wisten ze toen heel wat voor elkaar te krijgen. Daarom volgt hier een kijkje in de spionnen-
trucs van vroeger.

Spionage is nog ouder dan de weg naar Rome. Spion is zelfs
een van de oudste beroepen op aarde. De Egyptenaren en andere volken uit het Midden-Oosten waren elkaar al meer dan
4000 jaar geleden aan het bespioneren.

In de Bijbel staan spionageverhalen die minstens 3200 jaar
oud zijn. En zelfs lang voor die tijd werden overal ter wereld

spionnen ingezet. Maar spionage gebeurt in het grootste geheim. Dus daar is nooit veel over geschreven. En als er al over geschreven is, dan moeten we het duizenden jaren later ook nog terug kunnen vinden. Daarom zijn er maar weinig gegevens over spionage in de oudheid.

Toch weten we wel het een en ander. Over Sun Tsu bijvoorbeeld, een mysterieuze Chinese veldheer, en over Aeneas Tacticus, een slimme Romeinse militair.

Sun Tsu, de wijze veldheer

Sun Tsu was de eerste schrijver ter wereld die uitvoerig over spionage schreef. Hij wist meer over oorlog voeren dan wie dan ook en was van mening dat je een oorlog kon winnen zonder te vechten. Zijn boek, *De kunst van het oorlog voeren,* wordt in deze tijd – meer dan 2300 jaar later – nog steeds gelezen.

Maar wie was Sun Tsu nou eigenlijk precies? Tja, dat weet niemand. En daarom was Sun Tsu misschien wel de beste spion ter wereld…

Aeneas Tacticus, de oudste Europese spion

In Europa hadden we onze eigen Sun Tsu. Hij leefde rond 360 voor Christus, dus ongeveer in dezelfde tijd als zijn Chinese collega. Hij heette eigenlijk Aeneas van Stymphalus, maar iedereen noemde hem Aeneas Tacticus. Die naam paste beter bij iemand die zulke slimme tactieken kon bedenken. Aeneas kwam uit Griekenland en leek veel op zijn oosterse collega. Zo was hij net als Sun Tsu een hoge militair en schreef hij een boek over spionage met nota bene exact dezelfde titel: *De kunst van het oorlog voeren.*

Tips van Tacticus:

In zijn boek geeft Aeneas achttien trucs om een geheime boodschap te sturen. Sommige had je zelf ook kunnen bedenken, maar andere tips zijn wel goed bedacht.

- De zool van je sandaal is een goede plek om een bericht te verstoppen... (Mwôh, daar kun je zelf ook opkomen.)
- Aeneas maakte veel gebruik van postduiven. Of liever gezegd: postzwaluwen. Want zwaluwen waren toen populairder dan duiven en deden hun werk net zo goed. (Voor die tijd was dat best slim.)
- Je kunt onzichtbare inkt maken van het sap van bepaalde planten of vruchten. Bijvoorbeeld van citroensap. Dat is kleurloos, maar het wordt donker als je het boven een vlam houdt. (Kijk, daar heb je wat aan!)
- Je kunt een bericht op het hoofd van een kaalgeknipte slaaf tatoeëren. Vervolgens laat hij zijn haar weer groeien, zodat het bericht niet meer te zien is. De slaaf wordt naar de degene voor wie het bericht bedoeld is gestuurd. Daar wordt hij geschoren en gelezen. Het duurt even, maar dan heb je ook wat. (Slim bedacht, toch?)

Aeaneas' watercode: de berichten stromen binnen...
Aeneas is ook de uitvinder van de watercode. Dat is een manier waarop je razendsnel geheime berichten over grote afstanden kunt versturen. Zelfs in het donker. Het maakt daarbij niet uit hoe ver je van elkaar af bent. Zolang je elkaar

maar kunt zien. Het werkt als volgt.

De zender en ontvanger staan beiden bij een groot vat met water. De vaten zijn exact even groot en zijn helemaal gevuld met water. In elk vat staat een plank. Daarop staan allerlei verschillende zinnen boven elkaar. Bijvoorbeeld: 'de kust is veilig', 'vijand in zicht' of 'aanvallen!' Elke zin staat op precies dezelfde hoogte op de plank geschreven.

Wanneer hij een bericht wil sturen, geeft de zendende partij eerst een signaal met een brandende fakkel. Wanneer de ontvanger dat ziet, geeft hij een teken terug met zijn eigen fakkel: 'klaar voor bericht'. De zender maakt zijn fakkel uit en steekt hem daarna opnieuw aan. Dat is het teken voor beide partijen om het water uit het vat te tappen. De zender laat

95

het water stromen totdat het op de hoogte is van het bericht dat hij wil sturen. Dan dooft hij zijn fakkel. De ontvanger doet de stop weer in het vat en leest het bericht dat op die hoogte staat. Bericht ontvangen. Snel, handig en veilig. Want wie niet over het juiste vat of de juiste plank beschikt, kan het bericht onmogelijk 'aftappen'.

Alexander de Grote (Stiekemerd)

Dit is Alexander de Grote, de bekendste Griekse veldheer in de historie. Hij kende alle spionagetips van Aeneas Tacticus en gebruikte ze dagelijks. Sterker nog, hij ging zelfs een stapje verder. Hij bespioneerde niet alleen zijn vijanden, maar ook zijn eigen soldaten. Vlak voor een belangrijke veldslag met het Perzische leger merkte hij bijvoorbeeld dat zijn soldaten ontevreden waren. En dat kon natuurlijk niet. Soldaten moeten voor je vechten en zelfs bereid zijn om voor je te sterven. Een ontevreden soldaat zal dat nooit doen.

Alexander wilde weten wie er over hem zaten te klagen. Daarom stond hij zijn soldaten voor één keer toe om brieven naar hun familie te sturen. Normaal mocht dat niet. Want de brieven konden altijd in de handen van de vijand vallen. En in zo'n brief staan altijd wel gegevens waar de vijand wat aan heeft. Maar deze keer mocht het wel. De brieven gingen namelijk helemaal niet naar de families. Ze werden een paar kilometer buiten het kamp door de spionnen van Alexander geopend en gelezen. Zo kwam hij er precies achter wie er klaagden en waarom. Iedereen die ontevreden was, werd meteen uit het leger gegooid.

Weet je WEETJE

Spionnenlint
Alexanders spionnen hadden een veilige methode om geheime berichten te sturen. Ze wikkelden een lint om een stok en schreven daar hun boodschap op. Bijvoorbeeld: 'overmorgen vallen we aan'. Daarna maakten ze het lint weer los en schreven rondom die drie woorden allerlei zinnen, zodat het op een verhaal leek. Het lint werd meegenomen naar de ontvanger en die had precies dezelfde soort stok. Daar werd het lint op dezelfde manier omheen gewikkeld, zodat de boodschap weer leesbaar werd.

Rome, het spionnenrijk

Al snel werd duidelijk dat spionnen goed van pas kwamen. Overal werden ze ingezet. Maar nergens zo veel als in het oude Rome. Dat begon allemaal met Publius Cornelius Scipio en Hannibal, zijn grote vijand.

De spionnen van Hannibal

Het is 218 voor Christus. De Romein Publius Cornelius Scipio kijkt toe hoe zijn vader het leger van Carthago in de pan gaat hakken.

De Carthagers worden aangevoerd door de beroemde veldheer Hannibal. Maar wat niemand verwacht, gebeurt. De Romeinen worden verslagen. Scipio weet zijn vader op het nip-
pertje te redden uit de handen van de Carthagers.

De jonge Scipio ontdekt hoe het kon gebeuren. Hannibal wist
alles van de Romeinen, want hij had enorm veel spionnen. En
dat waren de beste ter wereld. Ze spraken verschillende talen
en waren meesters in vermommingen. Ze vervalsten brieven,
waarmee ze verkeerde informatie naar de vijand stuurden. En
ze hadden geheime gebaren waaraan ze elkaar konden herkennen. Handig, want zo konden ze altijd de laatste nieuwtjes
uitwisselen bij een toevallige ontmoeting.

Dankzij hen wist Hannibal precies waar de Romeinen zaten,
hoe sterk ze waren, hoe ze vochten en wanneer ze gingen aanvallen. Ook wist hij hoe anderen over de Romeinen dachten.

Want veel stammen waren tegen de Romeinen en wilden dol-
graag in opstand komen. Zo kon Hannibal ineens met een
enorme overmacht tegenover de Romeinen staan. Regelrecht
volgens het boekje van Sun Tsu, als Hannibal dat zou hebben
gehad.

De spionnen van Scipio

De jonge Scipio ontdekt dus dat je meer aan spionnen hebt
dan aan soldaten. Veertien jaar later krijgt hij als generaal de
kans op wraak. Hannibal zit op Sicilië en maakt zich nergens
zorgen over. De Romeinen hebben er niets te zoeken, denkt
hij. Als ze de Carthagers er al kunnen verslaan, dan krijgen ze

ook nog eens met de Numidiërs te maken. En die hebben al net zo'n hekel aan de Romeinen als de Carthagers.

Scipio wil weten wat zijn kansen zijn. Hij stuurt spionnen naar het Numidische kamp. Die spionnen zijn hoge militairen die zogenaamd over vrede komen onderhandelen. Het is voor Scipio zelf te riskant om mee te gaan. Daarom stuurt hij zijn beste generaal Gaius Laelius. Om nog wat extra 'ogen' te hebben, hebben Gaius en zijn officiers slaven bij zich. Die slaven zijn in werkelijkheid ook hoge militairen. Ze weten precies waar ze op moeten letten.

Natuurlijk mogen de Romeinen niet overal in het Numidische kamp komen. Maar Scipio heeft een list. De slaven laten stiekem hun paarden op hol slaan. Ze doen dat op zo'n manier dat de dieren precies in de richting van de verboden gebieden rennen. En terwijl de slaven doen alsof ze de dieren proberen te vangen, kunnen ze uitgebreid rondkijken en naar de zwakke plekken in het kamp zoeken.

Scipio krijgt alle informatie die hij nodig heeft. Hij weet precies waar de zwakke plekken zitten. Een paar nachten later stuurt hij zijn beste soldaten naar de Numidische en Carthaagse kampen om er stiekem brand te stichten. Ze steken de tenten van de soldaten zo aan dat het lijkt alsof de brand per ongeluk is ontstaan. De soldaten lopen daarom ongewapend rond om

het vuur te blussen. Beide kampen worden van de kaart ge-
veegd. En deze keer is het Hannibal die aan de dood ontsnapt
door te vluchten. Carthago is met zijn eigen wapen verslagen:
spionage.

Vijf Romeinse spionnenweetjes
Voortaan hoefde je geen Romein meer uit te leggen hoe belangrijk spionage was. In het oude Rome wemelde het dan
ook van de spionnen. Een paar voorbeelden:

1) Afluister-onvriendelijke huizen
Een politicus in Rome deed niet alleen aan politiek, maar was
tegelijk ook zakenman. Samen met zijn familie en vrienden
had hij allerlei bedrijven. En daarmee werd hij schatrijk. Maar
politici zaten elkaar vaak in de weg. Iedereen wilde de grootste orders in de wacht slepen. Ze wilden dus precies weten
wat de ander deed. Daarom hadden politici overal verklikkers.

Bijvoorbeeld onder zakenpartners, slaven, personeel en vrienden van de andere senatoren. Architecten kregen in het oude Rome zelfs opdracht om huizen te bouwen waarin het onmogelijk was om afgeluisterd te worden.

2) Zeg niet hardop dat de keizer een sukkel is...

Als de senatoren al veel spionnen gebruikten, dan moest hun baas er natuurlijk nog veel meer hebben. En dat klopt. De keizers hadden een leger aan spionnen in dienst. Zowel voor vijanden ver weg als vijanden dichter bij huis. Want niemand was te vertrouwen in het oude Rome. Overal op straat liepen luistervinken rond in dienst van de keizer. Je moest dan ook niet zeggen dat je de keizer een sukkel vond. De kans was groot dat je werd afgeluisterd en in de gevangenis werd gegooid.

3) 'Elke Romein is een spion!'
De Romeinen hadden zo veel spionnen in dienst dat iedere Romein in het buitenland als spion werd gezien door niet-Romeinen. Veel onschuldige Romeinse kooplieden en handelaars werden van spionage beschuldigd. Mithridates, de koning van Klein-Azië, liet toen hij aan de macht kwam iedere Romein in zijn rijk vermoorden. Dat waren meer dan tachtigduizend mensen...

4) Caesars 'speculatores'
Julius Caesar had honderden spionnen, dubbelspionnen en geheime koeriers in dienst. Elk legioen onder Caesar had bijvoorbeeld tien 'speculatores'. Dat waren spionnen die voor het leger uit trokken en berichtten hoe sterk de vijand was, en

welke route het leger het best kon nemen. Ze kregen ook geheime missies. Zo moesten ze verdachte personen bespioneren of gevaarlijke vijanden uit de weg ruimen.

Caesars geheimschrift

Caesar had een slim geheimschrift bedacht. Zo konden zijn boodschappen nooit door zijn vijanden gelezen worden. Terwijl hij alles van hen wist, was het voor zijn tegenstanders altijd weer een raadsel met welk plan hij zou komen.

Caesars geheimschrift werkt heel simpel. Als je een bericht stuurt, schuif je elke letter in het alfabet drie plaatsen op. De A wordt een D, de B een E, de K een N, enzovoort. Aan het eind wordt de X weer een A, de Y een B en de Z een C. Khho hhqyrxglj!

5) Had Caesar maar wat beter naar zijn spionnen geluisterd...

Caesar luisterde altijd naar zijn spionnen. Op één keer na. Zijn informanten hadden ontdekt dat er een aanslag op zijn leven beraamd werd. Hij had zelfs al een lijst van ze gekregen met daarop de namen van alle samenzweerders. Het waren allemaal bekenden van hem. De keizer besteedde er geen aandacht aan en werd kort daarop gedood door een van zijn beste vrienden.

Spionage in de Middeleeuwen

Na de val van het Romeinse rijk bleven spionnen natuurlijk bestaan. Maar niet op dezelfde manier. Spioneren werd vooral
gedaan door twee soorten mensen. Jij mag raden wie:

a. Monniken, priesters en muzikanten
b. Schoenmakers, timmermannen en schilders
c. Schippers, kooplieden en koetsiers
d. Bakkers, slagers en boeren

En het antwoord is… **a**! Monniken en priesters waren beter
opgeleid dan anderen. Ze konden lezen en schrijven, wat heel
belangrijk was voor een spion. Bovendien dachten de gewone
burgers dat de monniken en priesters een geheime band met
God hadden. En in die tijd was men heel goedgelovig. Wie
dus ruzie maakte met een dienaar van de kerk, wekte misschien wel de woede van God op.

Bovendien mochten priesters en monniken meer dan gewone burgers. Ze konden gaan en staan waar ze maar wilden. Landen onderling konden vijandig zijn, maar de kerk was onpartijdig. Tenminste, als de landen hetzelfde geloof hadden. Ze brachten overal waar ze maar wilden het woord van God. En ondertussen gaven ze hun ogen en oren goed de kost. Op die manier verdienden ze een aardig centje bij en werden de kerkelijke leiders steeds rijker en machtiger. Ze hadden soms nog meer invloed dan de koningen en koninginnen zelf.

De Spaanse Inquisitie

In Spanje kreeg de kerk zelfs zo veel macht, dat iedereen moest doen wat de geestelijken zeiden. Wie niet katholiek was, werd vermoord door de kerkelijke rechtbank, de Inquisitie. De Spaanse Inquisitie had overal spionnen in dienst die controleerden of men wel echt katholiek was.

Maar ook muzikanten waren perfecte spionnen. Troubadours en minstrelen, de muzikanten van die tijd, trokken van stad naar stad en brachten zo de laatste nieuwtjes van de ene plek naar de andere. Als ze goed waren, kwamen ze overal binnen. Dus ook bij koningen en andere machthebbers. Daar luisterden ze goed naar wat er allemaal verteld werd. En zo hoorden ze belangrijke geheimen die ze konden doorvertellen als ze bij de volgende machthebber op bezoek waren.

De muzikanten werkten meestal voor zichzelf en nooit in opdracht van een bepaalde koning. Hun informatie was dus, net als die van de priesters en monniken, onpartijdig. Daarom werden ze altijd geloofd.

Misschien zijn muzikanten nog steeds wel spion. Kan toch? Britney Spears of Frans Bauer als geheim agent? Hoewel…

MILITAIRE SPIONAGE

Nederland en België leven al tientallen jaren in vrede. Onze spionnen worden dan ook vooral ingezet om die vrede te bewaren en voor onze veiligheid te zorgen. Ze voorkomen terroristische aanslagen. Ze komen in actie bij kapingen en gijzelingen. En ze houden in de gaten of er geen politici aan de macht komen met heel gevaarlijke ideeën. Onze spionnen hebben dus genoeg te doen. Maar áls het oorlog wordt, dan hebben we onze spionnen nog veel harder nodig. Waarom? Om te kunnen winnen zonder te vechten, weet je nog...

Winnen zonder te vechten

Wat is er voor een generaal mooier dan een heldhaftige veldslag winnen? Winnen zonder te vechten. Zijn soldaten blijven heel, zijn munitievoorraad hoeft niet te worden aangevuld en zijn uniform blijft schoon. Zo simpel is dat. Als alle generaals zich aan deze regel hadden gehouden, zouden er miljoenen levens gespaard zijn gebleven (en hadden er heel wat minder uniformen gewassen hoeven worden).

Klinkt leuk, natuurlijk: winnen zonder te vechten. Maar hoe doe je dat? De truc is dat je zo veel sterker bent dan je vijand, dat die het bij voorbaat al opgeeft. Want wat doet iemand die met een klein groepje tegenover een compleet leger komt te staan? Die geeft zich direct over of slaat op de vlucht. Je mag alleen aanvallen als je met gemak wint. Als het lastig wordt, mag je nooit vechten. Dat is te riskant. Deze tactiek lijkt laf, maar bespaart heel wat mensenlevens. En dat is veel belangrijker. Bovendien heb je die mensenlevens die je spaart weer nodig om te zorgen dat je veel sterker dan je vijand blijft...

Je kunt op verschillende manieren zorgen dat je vijand zich zonder te vechten overgeeft.

1) Je kunt hem in een hinderlaag lokken. Of hem verrassen, zodat hij met een kleine groep soldaten tegenover een grote groep van jouw soldaten staat.

2) Je kunt ruzie stoken onder zijn manschappen, zodat ze met elkaar gaan vechten en niet met jou.

3) Je kunt een geheime overeenkomst sluiten met de bondgenoten van je vijand. In plaats van dat die met hem mee vechten, staan ze ineens aan jouw kant.

Kortom, methoden zat. Maar voor welke oplossing je ook kiest, je hebt spionnen nodig om ze uit te voeren. Spionnen die uitvinden hoe sterk je vijand is. Spionnen die uitzoeken wat hij van plan is. Spionnen die hem de verkeerde kant uit sturen. Spionnen die ruzie stoken onder zijn soldaten. En spionnen die overeenkomsten sluiten met zijn bondgenoten.

Slim toch? Hadden we dat maar eerder geweten… Nou ja, we wisten het ook eerder. Sun Tsu had daar al een boekje over opengedaan, niet waar?

Zo belangrijk is spionage dus in oorlogstijd. Maar het belangrijkste spionnenwerk in oorlogstijd is nog niet genoemd: **desinformatie**. Het verhaal van majoor William Martin is daar een mooi voorbeeld van.

Majoor William Martin, de man die niet bestond

Eind april 1943 vonden een paar Spanjaarden op het strand bij de plaats Huelva, in het zuiden van Spanje, het dode lichaam van majoor William Martin. Om zijn pols zat een ketting met een koffertje. Omdat het om een militair ging, onderzochten artsen uit het Spaanse leger het lichaam. Ze vermoedden dat hij verdronken was. Interessanter waren zijn bezittingen. Behalve liefdesbrieven, kaartjes voor het theater, een bonnetje voor een verlovingsring en een foto van zijn vriendin, vonden ze belangrijke militaire plannen. William Martin droeg papieren met zich mee waarin de plannen stonden voor een grote invasie op het eiland Sardinië. De Spanjaarden kopieerden het materiaal, stopten alles netjes terug in het koffertje en stuurden het lichaam keurig terug naar de Britten. Een paar dagen later werd de majoor in Huelva begraven.

De Spanjaarden stonden tijdens de Tweede Wereldoorlog aan de kant van de Duitsers. Die werden dan ook meteen gewaarschuwd. Het was groot nieuws. De Duitsers verwachtten een grote aanval op Sicilië, niet op Sardinië. Als de wiedeweerga verscheepten de Duitsers duizenden militairen van het ene naar het andere eiland. Wat een mazzel dat ze het koffertje van de majoor onderschept hadden…

…maar niet heus. Op tien juli vond er een enorme invasie plaats op Sicilië. Het hele plan was opgezet door de Engelse geheime dienst. In de spionagewereld heet dat 'desinformatie': valse informatie geven om de vijand op het verkeerde been te zetten. Majoor William Martin bestond niet eens. Het lichaam was dat van een onbekende man die aan longontsteking gestorven was. Daardoor had hij water in zijn longen, zodat de Spaanse artsen dachten dat hij verdronken was. De geheime dienst had hem het uniform van een majoor bij de marine aangetrokken. En de liefdesbrieven dan? De theaterkaartjes? De foto? Het bonnetje? Allemaal vals. De Britten hadden alles in zijn zakken gedaan om het allemaal zo echt mogelijk te laten lijken. De foto was van een medewerkster van de geheime dienst. Zij had ook de brieven geschreven.

De Engelsen wisten van tevoren dat er aan de kust bij Huelva veel Spaanse militairen waren. Ze wisten ook dat alles wat je vlak voor de kust overboord gooide daar aan zou spoelen. Het lichaam zou dus zeker gevonden worden. Maar zouden de Spanjaarden en Duitsers er ook intrappen? Ja dus. Terwijl de Duitsers op Sardinië waren, veroverden de Engelsen met gemak Sicilië. Het was een van de belangrijkste overwinningen in de oorlog tegen de Duitsers. Allemaal dankzij een dode man, van wie niemand de naam kende. De grafsteen van 'Majoor William Martin,' staat nog steeds op het kerkhof van Huelva. De Britten zetten regelmatig een vaas met verse bloemen bij het graf.

Weet je WEETJE

Eén generaal op twee plaatsen?

De truc met 'William Martin' was niet de enige manier om de Duitsers om de tuin te leiden bij de invasie van Sicilië. Zo dook de belangrijke Britse generaal Montgomery vlak voor de invasie op in Gibraltar, bij Spanje. Dat was voor de Duitsers het bewijs dat de invasie nog niet plaats kon vinden. De generaal zou namelijk zeker bij de aanval aanwezig zijn.

De Duitsers begrepen er dan ook niets van dat Montgomery tegelijkertijd bij de invasie opdook in Sicilië. Het was een truc van de Britten. De man in Gibraltar was een acteur die toevallig heel veel op Montgomery leek.

Dit idee stamt trouwens al uit de Middeleeuwen. Toen al lieten belangrijke ridders een ander hun schild en kleren dragen om de vijand te misleiden. Die gaf dan ook nog eens verkeerde bevelen. De werkelijke aanvoerder was vermomd en gaf het echte commando.

Een leger in een limo

Het leger maakt niet alleen in oorlogstijd gebruik van desinformatie. Ook bij militaire acties in vredestijd komt het goed van pas. Bijvoorbeeld in Entebbe, in het Afrikaanse land Oeganda, waar in 1976 een gijzeling plaatsvond. Een stel terroristen had een vliegtuig met 256 mensen aan boord gekaapt. De meeste passagiers kwamen uit Israël, dus het leger en de geheime dienst uit dat land kwamen meteen in actie. In het grootste geheim landde een groep militairen vlak bij het vliegveld waar het toestel stond. Maar hoe stuur je tot de tanden bewapende militairen naar een gekaapt vliegtuig, zonder dat het opvalt? Daar had de Israëlische geheime dienst, de Mossad, een oplossing voor bedacht.

Ze leenden een limousine, een peperdure auto. En precies dezelfde auto die de president van Oeganda ook had. Met ramen waardoor je wel naar buiten, maar niet naar binnen kon kijken. In die auto reden de beste Israëlische militairen naar het vliegveld. De kapers lieten de auto gewoon toe, want ze dachten dat de president erin zat. Maar voor ze het wisten werden ze overmeesterd door de militairen. De operatie was een enorm succes. Alle passagiers overleefden de gijzeling en maar één soldaat kwam om.

Slecht voor je tanden

Een andere belangrijke taak van de geheime dienst van het leger is het voorkomen van sabotage, zoals vernielingen aan tanks en vliegtuigen, of het opblazen van opslagruimten voor munitie en wapens. Het opmerkelijkste plan dat een geheime dienst ooit verhinderd heeft, had te maken met chocola. De Duitsers hadden in de Tweede Wereldoorlog namelijk het plan om kleine bommen te verstoppen in repen chocola. Ze hoopten dat de militairen van de vijand hun tanden erin zouden zetten en zo de bom af lieten gaan. Gelukkig is het plan mislukt. Maar het bewijst wel dat snoepen slecht voor je tanden is…

De Spionnenoorlog

Er was één oorlog die alleen door spionnen werd uitgevochten: de Koude Oorlog. Na de twee wereldoorlogen heerste er jarenlang een oorlog tussen de geheime diensten uit het Westen en die uit het Oosten.

Tien belangrijke feiten die je moet kennen over de Koude Oorlog

1) De Koude Oorlog begon al tijdens de Tweede Wereldoorlog. De Amerikanen hadden een geheim wapen: de atoombom. Dat was een bom waarmee je in één klap hele steden kon wegvagen. De Russen wilden die bom ook. Maar die kregen ze niet van de VS. Vanaf dat moment waren de twee landen vijanden. Na de oorlog sloten sommige landen zich aan bij de Verenigde Staten, andere sloten zich aan bij Rusland, dat toen nog de Sovjet-Unie heette.

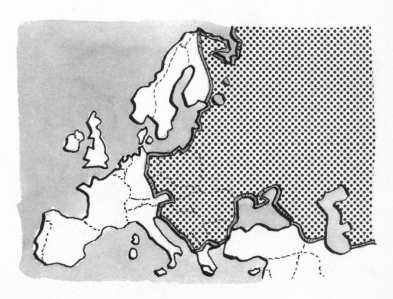

West-Europa en het Oostblok.

2) De Koude Oorlog had voor een groot deel met een politiek meningsverschil te maken. In het Westen vonden de kapitalisten dat iedereen vrij was om te doen wat hij wilde. Iedereen kon rijk worden. Wie arm was, moest beter zijn best doen. In het Oostblok waren de communisten aan de macht. Zij vonden dat er geen verschil tussen arm en rijk mocht zijn. Iedereen was gelijk. De regering bepaalde wat voor werk je deed en hoeveel je verdiende en echte armoede mocht niet bestaan.

3) Het Westen en Oosten waren doodsbang voor elkaar. Al snel wisten Russische spionnen de Amerikanen hun geheimen om een atoombom te maken, te ontfutselen. Naast de atoombom werden er nu ook, zowel in het Westen als in het Oosten, kernraketten ontwikkeld. Dat waren raketten met een atoombom erin, die je naar elk land kon afschieten. Dat zorgde ervoor dat het Westen doodsbang was voor het Oosten en omgekeerd.

124

4) Ook al was het oorlog, er golden wel spelregels tussen beide kampen. Omdat ze zo bang voor elkaar waren, maakten het Oostblok en het Westen afspraken met elkaar. Zo moest de Sovjet-Unie beloven geen kernraketten in het bevriende land Cuba te zetten en mochten de Amerikanen zich niet bemoeien met de invasies die de Russen in Hongarije en Tsjecho-Slowakije deden.

5) In noodgevallen konden de Amerikaanse en Russische leiders elkaar altijd bellen. Beide partijen wilden een oorlog in alle gevallen voorkomen. Mocht er een dringende reden voor oorlog zijn, of mocht er iets heel ergs aan de hand zijn, dan konden ze elkaar eerst bellen. Wellicht konden ze er met praten uitkomen. Die telefoon heette de 'hotline' en was in het begin helemaal geen telefoon. De Amerikaanse president sprak immers geen Russisch en de Russische leider sprak nauwelijks Engels. De berichten werden daarom eerst vertaald en als tekstbericht naar de andere partij verstuurd.

6) Duitsland bestond uit twee landen: Oost- en West-Duitsland. Na de Tweede Wereldoorlog werd Duitsland in twee stukken gedeeld. Het oosten stond onder gezag van de Russen, West-Duitsland hoorde bij het Westen. De stad Berlijn lag in Oost-Duitsland, maar het westen van de stad hoorde bij West-Duitsland. In 1990, na de Koude Oorlog, zijn de landen weer samengevoegd.

7) Het Oostblok bouwde een enorm strenge grens: het IJzeren Gordijn. De inwoners van de Oostbloklanden mochten tijdens de Koude Oorlog niet meer zomaar naar het Westen. Daarom werd er langs de grens een enorm hek met grensposten en mijnenvelden erlangs gebouwd: het IJzeren Gordijn. Zo kon niemand meer zomaar het land uit. Ook om West-Berlijn werd een grote muur gebouwd: de Berlijnse Muur. Wie uit het Oostblok kwam en geen goede reden had om naar het Westen te reizen, mocht het land niet uit.

8) De inwoners van het Oostblok waren niet vrij. In het communistische Oostblok kon je niet zomaar zeggen wat je wilde. Je werd van alle kanten gecontroleerd en als je het niet met de regering eens was, kon je opgepakt worden. De geheime diensten bespioneerden dus niet alleen de vijand, maar ook hun eigen burgers. Daar had je dus enorm veel spionnen voor nodig. Zo'n 400.000 mensen voerden opdrachten uit voor de Russische geheime diensten. Omgekeerd was het in de jaren vijftig en zestig ook geen pretje om een communist in de Verenigde Staten te zijn. Ook dan kon je worden opgepakt.

Zonde om weg te gooien...

De Russen wisten heel veel van de Amerikaanse wapens en vliegtuigen. Hoe kwam dat? Waren de tekeningen en ontwerpen bij geheime operaties uit de zwaarbeveiligde gebouwen gestolen? Zaten er belangrijke mollen* bij de wapenfabrikanten? Nee. Het was veel makkelijker. De Russen hoefden er bijna niets voor te doen.

Veel geheime documenten kwamen bij die bedrijven gewoon in de vuilnisbak terecht. Elke schoonmaker kon ze meenemen. De KGB had dan ook heel veel agenten die als schoonmaker bij dit soort bedrijven werkten. Die gingen nooit met lege handen naar huis. Elke avond visten ze de belangrijke documenten uit de vuilnisbak en namen die mee. De bouwtekeningen van een nieuw wapen. Het ontwerp van een nieuwe bommenwerper. De plannen voor het beveiligingssysteem van een belangrijk gebouw. Zonde om weg te gooien, toch?

Zie pagina 141

9) Dankzij de KGB kwam er bijna een eind aan de Koude Oorlog. De Russen wilden het Westen veroveren. Maar aan het eind van de jaren zeventig ontdekte de KGB, de Russische geheime dienst, dat dat nooit zou lukken. De toenmalige leider, Andropov, vroeg aan de KGB hoe betrouwbaar deze informatie was. 'Eerder 100 procent zeker dan 99 procent,' zei de KGB. 'Dan kunnen we maar beter stoppen,' zei Andropov. Maar Andropov stierf voordat hij zijn plannen kon uitvoeren. Daarna kwam Tsjernjenko aan de macht en die hield de Koude Oorlog in stand.

10) In 1989 eindigde de Koude Oorlog. In 1985 volgde Michail Gorbatsjov Tsjernjenko op. Gorbatsjov was het wel met de plannen van Andropov eens en voerde ze ook uit. Hij wilde meer samenwerking met het Westen. Ook andere Oost-Europese landen deden mee. Vanaf dat moment was de Koude Oorlog voorbij. Het ene na het andere Oostblokland zweerde de communistische ideeën af en kreeg een democratie zoals in het Westen. Er zijn nu nog maar een paar communistische landen over. De belangrijkste zijn Noord-Korea, China en Cuba.

OVERLOPERS: DE GROOTSTE NACHTMERRIE VAN DE GEHEIME DIENST

Wie is de mol? I mean, who is the mole?

Het ergste wat een geheime dienst kan overkomen, is dat een van de agenten alle geheimen doorvertelt aan de vijand. Zo'n 'mol' kan de namen van de agenten verraden. Hij kan geheime codes doorgeven. Hij kan de namen van dubbelspionnen van de tegenpartij doorgeven. En hij kan precies vertellen welke technische snufjes zijn geheime dienst allemaal gebruikt. Kortom, hij kan gigantische schade aanrichten. Maar een geheime dienst is helaas net als een tuin: vroeg of laat krijg je last van mollen…

Het bekendste mollenverhaal is dat van de Britse geheime diensten MI-5 en MI-6. Het ene na het andere geheim lekte uit. Er zat niet één mol, er was een hele plaag! De kranten stonden er vol van.

Rotterdammer maakt GOUD waardeloos

(Van onze correspondent Albert Gent)

Het was een van de duurste projecten uit de geschiedenis van de Koude Oorlog. En de informatie die het project moest opleveren, was miljoenen waard. Een betere codenaam dan GOUD was dan ook niet te bedenken voor het gezamenlijke project van de CIA en MI-6. Het plan? Een 600 meter lange

berichtjes en totaal onkraakbare codes op. En tot overmaat van ramp vielen de Russen de tunnel ook nog eens binnen.
De technici konden maar net

tunnel graven vanuit West-Berlijn naar Oost-Berlijn, onder de Muur door. Het doel? Telefoongesprekken van Moskou naar Oost-Berlijn en andersom afluisteren. Maanden hadden ze eraan gewerkt. In het grootste geheim. Gigantische hoeveelheden grond hadden ze weggegraven. En uiteindelijk konden ze een hypermodern afluistercentrum in de tunnel zetten. Alles werkte perfect. Maar toen het er eenmaal stond, vingen ze wekenlang alleen maar wat onschuldige

op tijd wegkomen.
Wat was er gebeurd? De in Rotterdam geboren MI-6-spion George Blake had het hele plan verraden. Nog voordat er ook maar één schep in de grond was gegaan, wisten de Russen al wat de CIA en MI-6 van plan waren.
Het verraad van Blake werd pas vijf jaar later ontdekt. Blake werd opgepakt, maar wist uit zijn cel te ontsnappen. Hij vluchtte naar Moskou, waar hij nog steeds woont.

Geheime dienst blijft blunderen

(Door Steven Pion)
Zo langzamerhand ga je je afvragen wie er bij de Britse geheime dienst níét voor de Russen spioneert. Zo veel geheim agenten zijn er al overgelopen naar Moskou.

Het begon allemaal met Donald Maclean en Guy Burgess. Een Russische overloper vertelde dat Maclean een mol was. Maar voordat de Britten hem konden pakken, was hij al naar Rusland gevlucht. Samen met Guy Burgess, een andere overloper.

Toen Burgess en Maclean gevlucht waren, wezen alle sporen naar één Britse agent: Kim Philby. Maar hij ontkende alles. En zijn ondervragers geloofden hem op zijn woord! Later bleek dat Philby wel degelijk een mol was. Maar ook hij zat al voordat hij gepakt kon worden in Moskou.

Vervolgens werd agent Anthony Blunt ontmaskerd als vierde mol. Blunt was al eerder verdacht geweest, maar net als Philby op zijn erewoord vrijgelaten. Sterker nog, Blunt was door de Britse koningin in de adelstand verheven! Na zijn arrestatie kon hij kiezen. Of hij zou veroordeeld worden, óf hij zou al zijn geheimen doorgeven aan de Britten en niet in de gevangenis hoeven. Hij koos voor het laatste.

MY NAME IS BLUNT, ANTHONY BLUNT. SIR ANTHONY BLUNT!

Baas geheime dienst Russische spion?

(Commentaar door Onno Verloper)

Het lek bij de Britse geheime dienst is nog niet gestopt. Ook na de ontmaskering van de vier spionnen is het blijven lekken. Er moet dus een vijfde man zijn geweest. Niemand heeft kunnen bewijzen wie dat was. Maar gefluisterd wordt dat het om de allerhoogste baas van MI-5 ging: sir Roger Hollis. Alleen híj had toegang tot alle geheime feiten die uitlekten. En híj was het die Philby en Blunt op hun woord geloofde, terwijl alles erop wees dat zij de mollen moesten zijn. En welke intelligente directeur van een geheime dienst vertrouwt er nu iemand die getraind is om te liegen op zijn woord?

Hoe vind je een verrader?

Slimme dubbelspionnen of mollen zijn heel voorzichtig. Ze nemen geen enkel risico en zijn dus bijzonder lastig te pakken. Toch is het niet onmogelijk om ze op te sporen. Je moet alleen heel slim te werk gaan.

1) Check: om welke informatie gaat het?

Als agent bij de geheime dienst heb je nooit toegang tot alle informatie. Dat is veel te gevaarlijk. Mocht er bijvoorbeeld een dubbelspion bij de geheime dienst zitten, dan kan die álle gegevens aan de vijand doorspelen. Daarom krijgt iedere agent maar een deel van alle geheimen te weten, zogenaamde 'need-to-know'-informatie. (Dat is Engels voor precies dat deel van de informatie dat je nodig hebt om je werk goed te kunnen doen.) Als je ontdekt dat een geheim is uitgelekt, weet je dus dat er maar een paar mensen zijn die ervan afwisten. Dat zijn je verdachten. Lekt er nóg een geheim uit, dan zijn er weer iets minder verdachten. Want maar een paar mensen hebben toegang tot beide geheimen gehad.

2) Verminder het aantal verdachten

Heb je nog maar een paar verdachten, dan laat je ze 24 uur per dag achtervolgen. Doen ze geheimzinnige dingen? Hebben ze contact met andere agenten? Laten ze ergens een pakje achter? Maar ook: hebben ze ineens veel meer geld dan ze zouden moeten hebben? Want een dubbelspion laat zich natuurlijk altijd goed betalen voor zijn informatie.

3) Voer een reserveplan uit

Helpt dat niet, dan is er nog een reserveplan: geef de verdachten allemaal valse informatie. Iedere verdachte krijgt een ander, door de geheime dienst verzonnen bericht. Niemand anders krijgt die informatie. Lekt er een van de verzonnen berichten uit, dan weet je wie de verrader is.

De mollen werden bijna nooit betrapt als ze werden achtervolgd. Daar waren ze te slim voor. Toch was het reserveplan ook niet altijd nodig. De meeste mollen vielen door de mand omdat ze ineens veel geld uitgaven. Zo zie je maar: geld maakt écht niet gelukkig.

Amerikaanse mollen

De Amerikaanse geheime diensten lachten een tijdje in hun vuistje om al die dubbelspionnen bij de Britse geheime dienst. Zoiets zou hún nooit overkomen. Dat dachten ze. Want intussen zat er zowel bij de CIA als bij de FBI een mol. Aldrich Ames bij de CIA en Robert Hanssen bij de FBI.

Aldrich Ames

Begon met spioneren in: 1985
Werd gepakt op: 21 februari 1994
Werkte voor de CIA als: contraspion
Belangrijkste wapenfeiten: dankzij informatie van Aldrich Ames zijn meer dan honderd geheime CIA-operaties mislukt. Minstens tien Russische spionnen zijn door hem verraden. Zijn informatie was voor de Russen meer dan 2,5 miljoen dollar waard.
Werd gepakt omdat: hij tien keer meer geld uitgaf dan hij bij de CIA verdiende.
Veroordeeld tot: levenslang

Robert Hanssen

Begon met spioneren in: 1979

Werd gepakt op: 20 februari 2001

Werkte voor de CIA als: computerspecialist (en had toegang tot enorm veel bestanden omdat hij als een van de eerste FBI-agenten alles van computers wist).

Belangrijkste wapenfeiten: te veel om op te noemen. Robert Hanssen speelde zo veel geheime documenten door aan de Russen dat hij de 'grootste ramp in de geschiedenis van de Amerikaanse spionage' werd genoemd. Hij verdiende daarmee zo'n anderhalf miljoen dollar.

Werd gepakt omdat: hij verraden werd door een Russische informant.

Veroordeeld tot: levenslang

En de Russen dan?

Natuurlijk waren er ook heel wat Russische dubbelspionnen. De Britse en Amerikaanse geheime diensten hebben enorm veel successen geboekt. Er zijn tientallen KGB-ers overgelopen naar het Westen. Sommigen van hen zijn verraden door de Britse en Amerikaanse mollen. Met de rest is het goed afgelopen. Maar wie die succesvolle spionnen waren? In de meeste gevallen weten we dat niet. Een goede spion is én blijft geheim.

Wat gebeurt er met een overloper?

Een overloper is van onschatbare waarde voor de geheime dienst die van hem profiteert. Daarom wordt er altijd goed voor zo iemand gezorgd. De mol kan rekenen op een mooi huis en een flinke smak geld (zo veel dat hij nooit meer hoeft te werken). Maar dat is niet genoeg. Want de overloper moet ook beschermd worden tegen zijn oude geheime dienst. Reken maar dat die hem probeert op te sporen. En reken maar dat het dan niet goed met hem afloopt. Daarom krijgt hij een nieuwe naam en een geheim adres. Dat adres blijft voor bijna iedereen geheim. Ten slotte wordt zijn gezicht door een plastisch chirurg veranderd. Knappe jongen die hem dan nog weet te vinden!

SPIONNEN IN SOORTEN EN MATEN

Iedereen die spioneert is een spion. Dat klinkt simpel, maar voor geheime diensten is dat té eenvoudig. Er zijn namelijk zo veel manieren waarop je kunt spioneren, dat 'spion' een heel onhandige term is. Je kunt dan namelijk de volgende spraakverwarring krijgen: 'We hebben een spion ontdekt, die aan zijn spion heeft doorverteld dat spion X-7 een spion is.' De zin kan betekenen: 'We hebben een overloper ontdekt die aan zijn runner heeft doorverteld dat agent X-7 een dubbelspion is.' Daarom heeft elke soort spion zijn eigen naam.

Agent – Als iemand zichzelf een spion noemt, dan kun jij hem zeggen dat je de keizer van China bent. Een echte spion noemt zichzelf namelijk altijd 'agent'. Bovendien zal een echte spion zichzelf natuurlijk nooit verraden…

Agent provocateur – Stel, er is een groep mogelijke terroristen of samenzweerders. Ze hebben nog niets strafbaars gedaan, maar je weet dat ze het van plan zijn. Dan komt de agent provocateur van pas. Hij daagt ze uit (provocateur = onruststoker) en stookt ze op. Net zolang tot de samenzweerders of terroristen wel iets strafbaars doen, of tot bewezen kan worden dat ze het van plan waren.

Contraspion – Dit is een spion die spionnen bij de tegenpartij opspoort. Hij of zij probeert ook geheime operaties van de vijand te verhinderen.

Dubbelagent – Een agent kan voor twee geheime diensten werken. Het klinkt ideaal: iemand die doet alsof hij voor een ander werkt en stiekem alle informatie naar jou toestuurt. In het echt valt dat tegen. Je kunt een dubbelagent nooit helemaal vertrouwen. Bovendien vallen veel dubbelagenten door de mand, zodat jouw geheimen weer bij de tegenpartij terechtkomen.

HET LEUKE VAN DUBBELSPION ZIJN IS HET DUBBELE SALARIS... HA!

Dubbelspion – Zie dubbelagent.

Hulpagent – Hulpagenten ondersteunen de gewone agenten op alle mogelijke manieren. Zij brengen de agenten op plekken waar ze moeten zijn, onderzoeken of een agent niet door anderen in de gaten gehouden wordt of zorgen voor geld, valse paspoorten of andere belangrijke papieren. Deze ondersteunende agenten spioneren nooit zelf en houden zich zo veel mogelijk aan de wet.

Illegalen – Een agent die niet tot de diplomatieke dienst behoort, is een illegaal. Als illegaal moet je altijd voorkomen dat je opgepakt wordt. Gebeurt dat toch, dan word je gearresteerd en kun je in sommige landen de doodstraf krijgen wegens spionage. Meestal komt het niet zo ver. Vaak worden opgepakte illegalen uit verschillende landen tegen elkaar geruild. Dat gaat dan net als met knikkers: één belangrijke agent is evenveel waard als tien onbelangrijke spionnen. Er is eens één belangrijke Israëlische agent geruild tegen tientallen Arabische agenten.

Omdat een illegaal zo veel risico loopt, mag hij bepaalde operaties niet uitvoeren. Zo moeten geheime documenten altijd door legalen (diplomaten dus) het land uit worden gesmokkeld. Diplomaten worden minder streng onderzocht aan de grens omdat ze zo belangrijk zijn. Bovendien mógen ze geheime documenten bij zich hebben die niemand mag controleren. En als ze toch nog gepakt worden, kunnen ze niet in de cel belanden, zoals illegalen. Als je trouwens in de krant iets over illegalen leest, heeft het bijna nooit met spionage te maken. Mensen die in een land wonen waar ze niet mogen wonen, heten ook illegalen. En die komen wél regelmatig in het nieuws.

Informanten – Sommige mensen hebben toegang tot bepaalde kennis. Journalisten bijvoorbeeld, maar ook politici, wetenschappers of mensen uit het bedrijfsleven. Zij hoeven dus niet meer te spioneren, maar hebben alle informatie al. Als zij die kennis doorgeven aan een geheime dienst, worden ze informant genoemd. Een goede agent zorgt ervoor dat deze mensen niet weten dat zij hun informatie in werkelijkheid aan een geheime dienst doorgeven. Voor een agent is het belangrijk om zo veel mogelijk informanten te hebben. Zodra een informant weet dat hij voor een geheime dienst werkt, is hij automatisch een agent geworden.

Legalen – Elk land heeft in andere landen een ambassade. Daar onderhouden ze de officiële contacten tussen de twee landen. Mensen die er werken heten diplomaten. Diplomaten hebben een groot voordeel boven andere mensen: ze mogen in het buitenland niet gearresteerd worden. Ze zijn onschendbaar. Plegen ze een misdaad, of doen ze iets anders wat niet mag, dan kunnen ze hooguit het land worden uitgezet. Dat maakt diplomaten natuurlijk perfect geschikt als geheim agent. En veel diplomaten zijn dat ook. Zij heten dan 'legalen.' Het is regelmatig voorgekomen dat tientallen diplomaten tegelijk een land zijn uitgezet. Tot grote woede van het land waar ze vandaan kwamen.

Weet je WEETJE

Spionnetje pesten
Een diplomaat mag je niet opsluiten. En als je niet kunt bewijzen dat hij eigenlijk een spion is, dan kun je hem ook het land niet uitzetten. Toch hebben geheime diensten zo hun

middelen om het de legalen zo lastig mogelijk te maken. Ze betalen straatbendes of zwervers om de auto van de diplomaten aan puin te slaan. Niemand kan bewijzen dat de geheime dienst er achter zat. Deze vorm van 'spionnetje pesten' gebeurt overal ter wereld...

Mol – zie Overloper

Moordenaar – Gelukkig gebeurt het vandaag de dag niet vaak meer dat mensen door een geheime dienst vermoord worden. Maar vroeger kwam het voor een geheime dienst nog wel eens goed uit als een spion uit de weg werd geruimd. Zo'n operatie noemde men in spionnentermen 'iemand naar een betere wereld sturen', 'een natte klus', of 'zorgen dat iemand de mazelen krijgt'. Daar had je beroepsmoordenaars voor nodig. Specialisten die elke moord op een ongeluk konden laten lijken.

Overloper – Een overloper is geen dubbelagent. Hij heeft echt voor de tegenpartij gekozen en kan niet meer terug. Elke geheime dienst is doodsbang dat hun agenten overlopers worden. Daarom wordt elke agent regelmatig gecontroleerd door zijn collega's. Een ander woord voor overloper is 'mol'.

Runner – Een runner is een agent die zich bezighoudt met het werven en begeleiden van andere agenten.

Slapers – Een agent moet natuurlijk zo min mogelijk verdacht zijn. Daarom moet hij of zij in het land waar hij of zij spioneert ook gewoon werken of studeren en een zo normaal mogelijk leven leiden. Veel mensen worden daarom gevraagd om 'slaper' te worden. Een slaper spioneert (nog) niet. Mocht de slaper gecontroleerd of achtervolgd worden door de tegenpartij, dan is er niets aan de hand. Maar als het nodig is, kan een slaper 'gewekt' worden. Dan krijgt hij of zij wel een opdracht om te spioneren of om iets voor de geheime dienst te doen. Vaak gaat het om niet zulke riskante opdrachten, zoals het doorgeven van berichten of het fotograferen van bepaalde gebouwen of mensen. Veel slapers hopen op een spannende carrière als spion, maar voor de meeste blijft het bij dromen. Ze worden nooit gewekt.

Speciale eenheden – In films zie je spionnen nog wel eens in een ninjapak langs muren van gebouwen klauteren en inbreken in een geheime kluis. In werkelijkheid hebben geheime diensten daar specialisten voor. Meestal zijn dat de beste mariniers en soldaten uit het leger. Zij hebben de modernste technische snufjes en komen overal binnen. Maar ook zij kunnen niet alles in hun eentje. Daarom werken ze in teams. De een kan elk slot open krijgen, de ander kan tegen elke muur opklimmen, weer een ander houdt met speciale apparatuur de boel in de gaten, enzovoort.

Spion – Geheime diensten gebruiken het woord spion zelf ook. Maar daarmee bedoelen ze altijd een agent die voor de tegenpartij spioneert, een overloper of dubbelspion dus.

Spionnenmeester – Dit is de baas van de spionnen. In Nederland en België wordt deze naam niet veel gebruikt, in andere landen wel. Een spionnenmeester wordt bij ons gewoon 'chef' genoemd. Of Rita of Arthur.

Undercover agent – Dat is iemand die onder een schuilnaam lid wordt van een verdachte of criminele organisatie en zo van binnenuit precies doorgeeft aan de geheime dienst wat er gebeurt. Het is heel belangrijk dat zo iemand niet ontmaskerd wordt, of in spionagewoorden, 'aangebrand raakt.'

TOT SLOT

Met de informatie uit dit boek kun je natuurlijk makkelijk zelf aan het spioneren slaan. Je kunt bijvoorbeeld achterhalen welke vragen je leraar op het eerstvolgende proefwerk gaat stellen. Zo kun je voortaan een tien halen voor elk vak. Maar daar heb je nou juist niets aan. Tenminste, niet als je spion wilt worden. Als spion moet je namelijk slim zijn en veel weten. Dat betekent dat je op een eerlijke manier hoge cijfers moet halen.

Dus nog even je best doen en goede cijfers halen op school. Je spionagekennis kun je vast testen met de volgende quiz.

SPIONAGEQUIZ

Natuurlijk weet je nu al een heleboel over spionage. Maar sommige bizarre weetjes zijn nog niet aan bod gekomen. Je vindt ze in deze quiz. Weet jij de goede antwoorden?

1) Wat is het 'puzzelpaleis'?
a. De plek waar vermoeide spionnen kunnen uitrusten. Ze doen daar vooral kruiswoordpuzzels en sudoku's, om te ontspannen.
b. Het is de bijnaam van de Amerikaanse geheime dienst NSA. Daar houden ze zich voortdurend bezig met het kraken van geheime codes en berichten, puzzelen dus.

2) Waarom hangen er netten voor de ramen van het gebouw van de Russische geheime dienst?

a. Dat is omdat een agent ooit zijn raam open liet staan. Allerlei geheime documenten waaiden van zijn bureau naar buiten. De man moest met een pistool de straat op, om te zorgen dat niemand de papieren inpikte. Nu hangen er netten die voorkomen dat iets de straat op waait.

b. Het kwam nog wel eens voor dat een ontmaskerde spion uit het gebouw probeerde te vluchten. Dat kon alleen door uit het raam te springen. De netten voorkomen dat de vluchters te pletter vallen en niet meer ondervraagd kunnen worden.

3) Er was ooit een spion die nóg meer vrouwen versierde, nóg meer geld in casino's wist te verdienen en nóg spannender avonturen beleefde dan James Bond en Sidney Reilly bij elkaar. Wie was dat?

a. Casanova

b. Don Juan

4) Je bent een spion en je moet het huis van de buren afluisteren. Welk (valse) beroep kun je dan het best hebben?

a. Huisarts

b. Sterrenkundige

5) Wat is een 'dog drag', oftewel een 'hondenspoor' in spionagetaal?

a. Honden plassen op straat en tegen bomen om een spoor

achter te laten. Dat spoor zegt: 'hier ben ik geweest'. Spionnen laten ook zo'n spoor achter voor hun collega's. Mocht er iets misgaan, dan weten die hem zo te vinden.
b. Een 'dog drag' is een spoor dat zo vreselijk stinkt, dat speurhonden weigeren om het te volgen. Zo voorkomen spionnen dat ze door honden achtervolgd worden.

6) Als het salaris van een spion via de bank wordt betaald, kunnen heel veel mensen te weten komen dat hij of zij een spion is. Iedereen die de post van de spion onderschept, kan op het bankafschrift het rekeningnummer van de geheime dienst zien. Daarom worden spionnen op een andere manier betaald, namelijk:
a. Ze krijgen het salaris overhandigd in bankbiljetten.
b. Ze krijgen het geld via een geheime bankrekening.

7) Ian Fleming, de bedenker van James Bond was zelf ook een spion. Hoe kwam hij op de naam James Bond?
a. James Bond was een collega van Ian Fleming.
b. James Bond was een vogelkenner. Zo kende Ian Fleming hem.

8) KGB-ers hadden vroeger een speciale pas waarop stond dat ze van de KGB waren. Daarmee hadden ze bepaalde voorrechten die anderen niet hadden. Er was alleen één probleempje met deze pas:
a. De spionnen mochten die pas aan niemand laten zien en daarom hadden ze er niets aan.

b. De pas viel zo erg op dat iedereen kon zien dat ze KGB-er waren.

9) Wat is een 'zwarte tas'-operatie?
a. Een verdachte moet ontvoerd worden. Hij gaat daarom bewusteloos mee in een grote, zwarte tas.
b. Er moet iets gestolen worden door de speciale eenheden van de geheime dienst. Dit doen ze meestal 's nachts. Daarom zijn al hun kleren en spullen zwart om zo min mogelijk op te vallen in het donker.

10) Wat is waar?
a. Sommige geheime diensten hebben speciale kamers waar de allergeheimste gesprekken worden gevoerd. Deze kamers zijn zo ontworpen dat afluisteren volstrekt onmogelijk is. Er zit apparatuur die zenders stoort en het is er lawaaiig zodat afluisterapparatuur niet werkt.
b. Sommige geheime diensten hebben geheime kamers. Je ziet nergens een deur of deurknop. De verborgen deur gaat pas open als je op een verborgen plek op de muur drukt.

De antwoorden:
1) b.
2) a.
3) a. (Al was Casanova niet alleen spion, maar onder meer ook loterijorganisator, goochelaar, acteur, schrijver en bibliothecaris.)
4) a! Huisartsen hebben een stethoscoop. Je weet wel, dat

is dat enge koude ding dat ze op je borst leggen om je ademhaling en hartslag te horen. Als je zo'n stethoscoop tegen een muur van een huis houdt, kun je alles horen wat er binnen gezegd wordt.

5) b.
6) a.
7) b.
8) a.
9) b.
10) a en **b** zijn allebei goed!

Heb je de meeste antwoorden goed? Dan kun je later bij de geheime dienst gaan werken en de rest van je leven rondsnuffelen in andermans zaken…

EJU CPFL WFSOJFUJHU AJDIAFMG CJOOFO UXJOUJH TFDPOEFO OBEBU IFU JT VJUHFMFAFO!

REGISTER

151